Yusuf Kerim Yasası

Yusuf Kerim Yasası

İbrahim Ataman

Published by Peace Hunter Publishing, 2026.

İçerik tablosu

İbrahim Ataman
Amsterdam / 2026
Peace Hunter Publishing

Kitap Adı: **Yusuf Kerim Yasası**
Yazar: **İbrahim Ataman**
Yayın Koordinatörü: **Amish Insha**
Editör: **İbrahim Ataman**
Kapak Tasarım: **İbrahim Ataman**
Mizanpaj: **İbrahim Ataman**
Tür : **Roman**
Yayın No: **51**
Crown Yazarlık Atölye Serisi: **14**
Yayın Tarihi: **2026**
Web: **yayin.ilet.in**[1]
Email : **kitap@ilet.in**

Published by **Peace Hunter Publishing**

---

1. **http://yayin.ilet.in**

ÖNSÖZ

BU KITAP BIR HIKÂYE anlatmak için yazılmadı. Bu kitap, yaşanmış bir şeyin olduğu gibi kayda geçmesi için yazıldı.

Okuyacağınız sayfalarda bir kahraman yok. Bir düşman da yok. İyilerle kötüler arasında kurulmuş rahat bir denge hiç yok. Bunun yerine, çoğumuzun tanıdığı ama adını koymadığı bir şey var: işleyen bir sistemin, bir an için insanı görmemesi.

Bu metin, bir çocuğun hastalığıyla başlamıyor. Daha önce başlıyor. Bir evde, bir sabahın sıradanlığında, "normal" denen şeyin içinde başlıyor. Çünkü kaybolan şeyin ne olduğunu anlamadan, kaybın ağırlığı da anlaşılamaz. Bu yüzden ilk sayfalarda bir felaket yok. Bilinçli olarak yok. Çünkü bu kitap, felaketin kendisini değil, felakete giden yolu anlatıyor.

Bu kitapta hastalık vardır ama tıbbi bir metin değildir.

Acı vardır ama acıyı sömürmez.

Öfke vardır ama parmakla göstermez.

Bu kitap, bir annenin çocuğundan zorla ayrıldığı bir anı anlatır. Ama o anı dramatize etmek için değil; o anın neden mümkün olduğunu sorgulamak için anlatır. Çünkü mesele, yaşanan şey kadar, yaşanmasına izin veren koşullardır.

Burada anlatılanlar münferit değildir. Bu özellikle vurgulanmalıdır.

Okur, sayfalar ilerledikçe şunu fark edecektir: Bu hikâye tek bir ailenin başına gelmiş talihsiz bir olay değildir. Bu, benzer koşullarda tekrar edebilecek, tekrar etmiş ve sessizce geçilip gidilmiş bir düzenin görünür hâle gelmesidir. Bu yüzden bu kitap bir "mağduriyet anlatısı" değildir. Bu kitap, tanıklıktır.

Tanıklık, tarafsızlık iddiası taşımaz. Ama adalet arar.

Bu metinde isimler vardır çünkü insanlar vardır. Mekânlar vardır çünkü sistemler bir boşlukta işlemez. Kurallar vardır çünkü insanlar çoğu zaman "öyle yazıyor" denilerek durdurulur. Ama bu kitap, hiçbir kuralı şeytanlaştırmaz. Sadece şu soruyu sorar:

Bir kural, insanı incittiğinde ne olur?

Bu soru, kitabın merkezindedir. Cevabı da hazır değildir. Çünkü cevap, tek bir kişiye ait değildir. Bu yüzden kitabın sonunda bir kişinin zaferi yoktur. Bir ailenin intikamı da yoktur. Bunun yerine, ağır ağır şekillenen bir şey vardır: kolektif bir mecburiyet.

"Yusuf Kerim Yasası" denen şey, bu mecburiyetin adıdır.

Bir talep değil yalnızca.

Bir tepki hiç değil.

Bir daha yaşanmasın iradesidir.

Bu kitabı okurken rahat hissetmeyebilirsiniz. Bu bilinçli bir tercihtir. Çünkü bazı metinler rahatlatmak için değil, uyandırmak için yazılır. Bu metin de onlardan biridir. Ama okurdan bir şey talep etmez. Yalnızca şunu ister: Görmeyi.

Eğer bu sayfalarda kendinizden bir parça bulursanız, bu tesadüf değildir. Çünkü bu hikâye, tek bir aileye ait olmaktan çoktan çıkmıştır. Ve eğer bir gün bir kapının önünde durup "bu normal mi?" diye sorarsanız, bilin ki bu kitap amacına ulaşmıştır.

Gerisi, artık hikâye değildir.

İbrahim Ataman

BÖLÜM I – SAKARYA: SESSİZLİK VE TOHUM

Sakarya Sabahı – Kırılmadan Önce

Sakarya'da sabahlar bir anda başlamazdı. Güneş, gökyüzüne aceleyle yerleşmez, gecenin üstünden örtüyü çekermiş gibi ağır ağır yükselirdi. Sokak lambaları henüz sönmemişken, kuş sesleri araya girer, karanlığın içindeki boşlukları doldururdu. Evlerin çoğunda perdeler tam açılmaz, yarı aralık kalırdı; sanki kimse dışarıyı kontrol etmiyor, sadece havanın içeri girmesine izin veriyordu.

Bu saatlerde Sakarya'nın sokakları konuşmazdı. Motor sesi yoktu, korna yoktu. Arada bir geçen tek tük araçların lastikleri asfalta usulca sürtünür, sonra ses kaybolurdu. Hayat, henüz kendini hatırlatmaya başlamamıştı.

Süleyman gözlerini açtığında saat altıyı biraz geçiyordu. Alarm çalmamıştı; ama buna ihtiyacı yoktu. Uzun zamandır aynı saatte uyanıyordu. Bu bir zorunluluk değildi, bir alışkanlıktı. Yatağın kenarına oturdu, ayaklarını yere bastı. Bir an durdu. Evin içindeki sessizliği dinledi.

Bu sessizlik ona huzur verirdi. Çünkü boş değildi. İçinde birazdan duyulacak sesler vardı. Mutfakta kaynayan suyun sesi, çatal kaşık tınıları, Yusuf'un odasından gelecek kapı gıcırtısı... Hepsi bu sessizliğin içindeydi.

Ayağa kalktı, terliklerini giydi. Koridordan mutfağa doğru yürürken duvardaki fotoğraflara bakmadı; çünkü onlara bakması gerekmiyordu. Yerlerini, yüzlerini, hatta hangi çerçevenin biraz eğik durduğunu bile biliyordu. Yusuf'un doğum günü, okulun ilk günü, parkta çekilmiş bir fotoğraf... Hiçbiri özellikle seçilmemişti. Hayatın içinden çıkıp gelmişlerdi.

Mutfağa girdi. Pencereyi açtı. Serin bir hava yüzüne çarptı. Bahçeden gelen toprak kokusu, gece yapılan sulamadan sonra daha belirgindi. Süleyman bu kokuyu severdi. Ona çocukluğunu hatırlatırdı; sabah erkenden kalkılan yaz günlerini, henüz günün ne getireceğini bilmeden yapılan kahvaltıları.

Çaydanlığı ocağa koydu. Suyun taşmaması için kapağını biraz araladı. Ocağı yakarken içinden geçen düşünce çok basitti: Gün başlıyordu. Ne iyi ne kötü; sadece başlıyordu.

Yusuf'un odasından bir ses gelmesi uzun sürmedi. Önce yatağın hafifçe gıcırdadığı duyuldu, ardından yere basan çıplak ayakların sesi. Yusuf her sabah olduğu gibi sessiz yürüyordu; sanki ev hâlâ uyuyormuş gibi davranıyordu.

Kapının eşiğinde durdu. Gözleri yarı kapalıydı ama yüzünde kararlı bir ifade vardı. Uykulu değildi; sadece yeni uyanmıştı.

"Baba," dedi.

Süleyman arkasını döndü. Gülümsedi. "Uyandın mı?"

Yusuf başını salladı. "Evet."

Bu onun için yeterli bir açıklamaydı. Süleyman eğildi, onu kucakladı. Yusuf'un başı omzuna yaslandı. Saçları biraz terliydi. Süleyman farkında olmadan elini Yusuf'un sırtında gezdirdi. Çocuğun nefesi düzenliydi, bedeni gevşekti. Olması gerektiği gibiydi.

Masaya oturdular. Yusuf sandalyesine dizlerinin üzerine çıkarak yerleşti. Pencereden dışarı baktı. Sokakta henüz kimse yoktu. Bu onu mutlu ederdi. Sokak birazdan dolacaktı ama o an boştu; sanki kendisine aitti.

"Bugün okul var," dedi Yusuf, kendi kendine konuşur gibi.

"Her gün var," dedi Süleyman.

Yusuf kaşlarını çattı. "Ama bugün resim dersi."

Süleyman çayı bardağa doldurdu. "Ne çizeceksin?"

Yusuf hiç düşünmedi. "Park."

"Yine mi?"

"Evet. Salıncaklı."

Salıncak, Yusuf'un dünyasında ayrı bir yerdi. Koşmak, top oynamak, saklambaç... Hepsi vardı ama salıncak başka bir şeydi. Sallanırken konuşmazdı. Yukarı çıktığında susar, aşağı inerken gülerdi. Süleyman bunu fark etmişti ama hiç sormamıştı. Herkesin sessiz kaldığı bir yeri olmalıydı.

Gülten mutfağa girdiğinde Yusuf masanın üzerinde dizlerini toplamış, ekmeğini bölmeye çalışıyordu. Üzerinde ev hâli vardı; ama yüzünde yorgunluk değil, alışıldık bir sakinlik vardı.

"Yine erkencisin," dedi Yusuf'a.

Yusuf başını kaldırmadan cevap verdi. "Uykum yoktu."

Gülten onun saçlarını düzeltti, sonra pencereye yaklaşıp dışarı baktı. Hava açıktı. Gökyüzünde birkaç bulut vardı ama güneşin önünü kapatacak gibi durmuyorlardı.

"Bugün hava güzel," dedi.

Bu cümle evde sık söylenirdi. Bazen gerçekten güzel olurdu, bazen olmazdı. Ama kimse bunu tartışmazdı. Günün nasıl olacağını hava değil, hayat belirlerdi; ama o sabah buna kimsenin ihtiyacı yoktu.

Kahvaltı hazırlandı. Zeytin, peynir, domates. Yusuf kendi bıçağıyla ekmek kesmek istedi. Bıçak biraz büyüktü ama Gülten müdahale etmedi. Yusuf dikkatle kesti. Bir parça yamuk oldu ama kimse önemsemedi.

"Okuldan sonra parka gidelim mi?" diye sordu Yusuf.

"Gidelim," dedi Süleyman.

Bu da tartışmasızdı.

Yusuf hazırlanırken Gülten çantasını kontrol etti. Defterler, kalemler, beslenme çantası. Hepsi yerindeydi. Yusuf ayakkabılarını giymeye çalışırken birini ters geçirdi, sonra güldü.

"Böyle olmuyor," dedi.

Gülten eğilip düzeltti. Yusuf kapıya yönelmeden önce bir an durdu. Evin içine baktı. Sonra Süleyman'a döndü.

"Akşam erken gel," dedi.

"Niye?" diye sordu Süleyman.

Yusuf omuz silkti. "Park."

Süleyman gülümsedi. "Tamam."

Kapı kapandı. Ev bir anlığına boşaldı ama bu boşluk kalıcı değildi. Süleyman mutfakta oturdu, çayından bir yudum aldı. Günün geri kalanını düşündü. İş, dönüş, akşam yemeği. Her şey yerli yerindeydi.

İşe giderken sokakta tanıdık yüzler gördü. Bakkalın önünde oturan yaşlı adam başıyla selam verdi. Süleyman karşılık verdi. Bu selamlaşmalar kısa ama yeterliydi. İnsan, tanındığını bilmek isterdi.

Gün içinde Gülten'den mesaj geldi. Yusuf'un resim dersinde çizdiği parkın fotoğrafı. Salıncak büyük, ağaçlar yeşildi. İnsan yoktu ama boş da değildi. Süleyman fotoğrafa uzun süre baktı. İçinden sessiz bir memnuniyet geçti.

Akşam eve döndüğünde Yusuf kapıda karşıladı onu. Çantasını yere bırakmış, ayakkabılarını yarım çıkarmıştı.

"Park!" dedi.

Yemekten sonra çıktılar. Park çok kalabalık değildi ama doluydu. Çocuklar koşuyor, anneler banklarda oturuyor, babalar ayakta bekliyordu. Kimse kimseye karışmıyordu. Herkes kendi çocuğunun sesini ayırt ediyordu.

Yusuf salıncağa koştu. Süleyman arkasından itti. Yusuf yükseldikçe güldü, sonra sustu. Süleyman bu sessizliği tanıyordu. Salıncağın en yüksek noktasında gelen o sessizlik.

"Biraz daha," dedi Yusuf.

Biraz daha itti.

Gökyüzü açıktı. Hava serindi. Parkta hiçbir şey eksik değildi. Hiçbir şey fazla da değildi.

O an, hiçbir işaret yoktu. Hiçbir çatlak. Hiçbir uyarı.

Hayat, en çok böyle zamanlarda savunmasızdı. Ama o gün, kimsenin bunu bilmesine gerek yoktu.

Çünkü her şey normaldi. Ve normal, kırılmadan önceki son hâldi.

Salıncaktan indikten sonra Yusuf bir süre parkın ortasında durdu. Etrafına baktı. Diğer çocukları izledi. Kimi koşuyor, kimi bağırıyor, kimi annesinin eteğine yapışmış bir şeyler anlatıyordu. Yusuf'un yüzünde acele yoktu. Sanki parkın tamamını tek tek görmesi gerekiyormuş gibi yavaş hareket ediyordu.

Süleyman onu uzaktan izledi. Müdahale etmedi. Yusuf'un kendi hızında olmasına izin vermeyi öğrenmişti. Her çocuk aynı hızda yaşamak zorunda değildi. Yusuf bazen bir şeyleri yavaş yapardı ama bu, eksiklik değil; onun tarzıydı.

Yusuf bir süre bankların yanındaki çakıllarla oynadı. Elini cebine soktu, küçük taşlar topladı. Sonra onları yere dizdi. Düzgün bir sıra yapmaya çalıştı ama taşlar hep biraz eğri durdu. Yusuf buna aldırmadı. Taşlar olduğu gibi kalsın diye eliyle düzeltmedi.

"Baba," dedi birden.

Süleyman yanına gitti. "Ne oldu?"

"Bak," dedi Yusuf, taşları göstererek. "Bunlar yol."

"Nereye gidiyor bu yol?"

Yusuf düşündü. "Parkın dışına."

"Dışarısı neresi?"

Yusuf omuz silkti. "Bilmiyorum."

Bu cevap Süleyman'ı düşündürmedi. Çocukların bilmediği şeyler çoktu. Bilmek zorunda da değillerdi.

Bir süre sonra hava serinledi. Güneş alçalmaya başlamıştı. Gülten banktan kalktı.

"Hadi," dedi. "Üşüyeceksin."

Yusuf itiraz etmedi. Taşları cebine koydu, sonra durdu. Birini geri bıraktı. Hangisini bıraktığını kimse fark etmedi ama Yusuf fark etti.

Eve dönerken sokak lambaları yanıyordu. Evlerin pencerelerinden televizyon ışıkları sızıyordu. Akşam yemeği hazırlıkları başlamıştı. Mahalle, günün bu saatinde kendine özgü bir ses çıkarırdı. Ne tam sessizlik, ne tam gürültü.

Eve girdiklerinde Yusuf ayakkabılarını çıkarıp doğruca odasına gitti. Çantasını açtı, resim defterini çıkardı. Park resmini tekrar eline aldı. Bir süre baktı. Sonra masaya oturdu, bir kalem aldı. Resme küçük bir şey ekledi: salıncağın yanına bir bank.

Gülten kapının eşiğinden izledi. "Neden bank çizdin?" diye sordu.

Yusuf düşünmeden cevap verdi. "Oturulsun diye."

"Kim oturacak?"

"Biz."

Bu cevapta hiçbir özel anlam yoktu. Ama Gülten yine de bir an durdu. Sonra üstüne düşünmedi. Çocukların çizdikleri bazen sadece çizdikleriydi.

Akşam yemeği sakin geçti. Günün sıradan konuşmaları yapıldı. Okulda olanlar, parkta görülenler. Yusuf yemeğini bitirdikten sonra masadan kalktı.

"Yarın da park var mı?" diye sordu.

"Bakacağız," dedi Süleyman.

Yusuf bu cevabı kabul etti. Her şeyin kesin olmasına gerek yoktu. Bazı şeyler "bakacağız" ile de yaşayabilirdi.

Yatmadan önce Yusuf banyo yaptı. Pijamalarını giydi. Dişlerini fırçalarken aynada kendine baktı. Yüzünü eğip suyla yıkadı. Sonra aynaya tekrar baktı. Kaşlarını çattı, sonra güldü. Kendine yüz yaptı. Çocuklar bazen aynadaki yansımalarıyla arkadaş olurlardı.

Yatağına girdiğinde Gülten üstünü örttü. Yusuf yorganı çenesine kadar çekti.

"Masal?" diye sordu.

Süleyman kitabı aldı. Aynı masalı defalarca okumuşlardı ama Yusuf yine dinlemek istedi. Masalın sonunu ezbere biliyordu ama yine de bekledi. Masallar, sonu bilinse bile anlatılmalıydı.

Masal bittiğinde Yusuf gözlerini kapadı. Uykuya dalması uzun sürmedi. Nefesi kısa sürede düzenli hâle geldi.

Süleyman odadan çıkmadan önce bir süre durdu. Yusuf'a baktı. Çocuğun yüzü sakindi. Kaşları gevşemişti. Uyuyan bir çocuğun yüzünde hiçbir sır olmazdı.

Kapıyı yavaşça kapattı.

Salona geçti. Gülten koltukta oturuyordu. Televizyon açıktı ama ses kısılmıştı. Haberler akıyordu ama ikisi de bakmıyordu. Haberlerin bir gün onları ilgilendireceği akıllarına gelmezdi. Hayat, başka bir yerde yaşanıyor gibiydi.

"Yoruldun mu?" diye sordu Gülten.

"Biraz," dedi Süleyman.

Bu "biraz", günün yorgunluğuydu. Hayata dair bir yorgunluk değil.

Bir süre sessiz oturdular. Evde Yusuf'un nefesi duyuluyordu. Bu ses, evin içindeki en güvenilir sesti.

Süleyman ayağa kalktı. Pencereye gitti. Dışarı baktı. Sokak lambasının altında bir kedi duruyordu. Bir süre sonra yürüyüp karanlığa karıştı.

O an, hiçbir şey eksik değildi. Ne evde, ne sokakta, ne parkta.

Hiçbir şey fazla da değildi.

Hayat, bütün sadeliğiyle akıyordu. Ve sadelik, insanın en savunmasız hâliydi.

Çünkü insan, kırılmayı ancak her şey yerli yerindeyken fark edemezdi.

Baba Sezgisi – Adı Konmamış Endişe

Süleyman o sabah, alarm çalmadan birkaç dakika önce uyandı. Bu nadir olurdu. Genelde alarmın sesiyle irkilir, gözlerini zorla açar, birkaç saniye boyunca nerede olduğunu anlamaya çalışırdı. O gün gözlerini açtığında, saat henüz çalmamıştı ama uykusu bitmişti. Daha doğrusu, uyku onu bırakmıştı.

Tavana baktı. Evin tavanı yıllardır aynıydı. Sağ köşeye yakın, boyanın altında ince bir çatlak vardı. Daha önce de görmüştü ama o sabah çatlak gözüne daha uzun geldi. Gözünü ondan alamadı. Sanki çatlak büyümüş, fark edilmek ister gibi uzamıştı. Sonra kendi kendine kızdı. Bir çatlak, sadece bir çatlaktı. Fazlası değildi.

Yataktan kalktı. Ev sessizdi. Gülten henüz uyanmamıştı. Yusuf'un odasından düzenli bir nefes sesi geliyordu. Süleyman, mutfağa geçmeden önce durdu ve o sesi dinledi. Çocuğun nefesi sakindi. Bu ses, yıllardır onun için bir tür denge noktasıydı. Ne zaman o sesi duysa, dünyanın hâlâ yerinde olduğunu hissederdi.

Ama o sabah, bu his tam yerini bulmadı.

Mutfağa geçti. Çayı koydu. Su kaynarken pencereye yaklaştı. Sokak yavaş yavaş uyanıyordu. Çöp çıkaran bir kadın, arabasını çalıştırmaya çalışan bir adam, durağa doğru yürüyen bir genç... Hayat, olması gerektiği gibi ilerliyordu. Kimse duraksamıyordu. Kimse etrafına bakmıyordu.

Süleyman'ın içi ise duraksıyordu.

Yusuf mutfağa geldiğinde Süleyman bunu hemen fark etti. Çocuk sandalyeye çıktı ama bu kez dizlerinin üzerine oturmadı. Normal şekilde oturdu. Bu çok küçük bir farktı. Ama Süleyman o farkı kaçırmadı. Kaçırmak istemediğini de fark etti.

"Günaydın," dedi Yusuf.

"Günaydın," dedi Süleyman.

Yusuf'un sesi her zamanki gibiydi. Yüzünde belirgin bir ifade yoktu. Ne neşeli, ne üzgün. Süleyman, çocuğun yüzünü gereğinden uzun süre incelediğini fark etti. Sonra bakışlarını kaçırdı.

Kahvaltı sessiz geçti. Yusuf birkaç lokma aldı, çayından bir yudum içti. Gülten mutfağa girdiğinde her şey normal görünüyordu. Süleyman da normal görünmeye çalıştı.

Evden çıkma vakti geldiğinde Süleyman kapıyı kilitledi. Anahtarı cebine koydu. Merdivenlerden inerken bir an durdu. Geri dönüp kapıya baktı. Kilitliydi. Bunu biliyordu. Yine de baktı.

Arabaya bindiğinde cebindeki anahtarı yokladı. Metalin sertliğini parmaklarının arasında hissetti. Bu his onu kısa bir an rahatlattı. Sonra bu rahatlamaya şaşırdı. Çünkü daha önce anahtarın cebinde olması, onda hiçbir duygu yaratmazdı.

Yola çıktığında radyo açıktı. Bir haber spikeri konuşuyordu. Süleyman ne anlatıldığını tam olarak dinlemedi ama sesi kapatmadı. O sabah sessizlik istemiyordu. Sessizlik, ona fazla alan bırakacakmış gibi geliyordu.

Trafik olağandı. Ne sıkışıktı ne akıcı. Yol kenarındaki dükkânları, durakta bekleyen insanları, kaldırımda yürüyen bir çocuğu fark etti. Normalde bu ayrıntılar zihninden kayıp giderdi. O gün kalıyorlardı.

İşe vardığında binanın önünde durdu. Kapının açık olduğunu fark etti. Normalden biraz daha erken açılmıştı. Bu bilginin hiçbir önemi yoktu ama zihni bunu bir yere kaydetti. Sanki ileride bir anlamı olacakmış gibi.

Masasına oturdu. Bilgisayarını açtı. Ekran aydınlandığında bir an kendi yansımasına baktı. Kaşları hafifçe çatılmıştı. Çenesini farkında olmadan sıkıyordu. Yüzü ona biraz yabancı geldi.

Çalışmaya başladı. Belgeler açıldı, dosyalar incelendi, telefonlar çaldı. Süleyman konuştu, dinledi, cevap verdi. Dışarıdan bakıldığında her şey yolundaydı. Kimse onun içindeki o hafif ama inatçı huzursuzluğu fark etmezdi.

Bu huzursuzluk bir korku değildi. Korkular nettir. Sebep ister. Bu, sebebi olmayan bir şeydi. Daha çok, bedenin "bir şey var" deyip ne olduğunu söylememesi gibiydi.

Öğleye doğru aynı satırı üçüncü kez okuduğunu fark etti. Elini klavyeden çekti. Sandalyeye yaslandı. Avuçlarının hafifçe terlediğini hissetti. Fiziksel olarak bir sorun yoktu. Ama bedeni, bir şeye hazırlanıyor gibiydi.

Telefonunu eline aldı. Gülten'i aramak için belirgin bir sebebi yoktu. Ama aradı.

"Yusuf nasıl?" diye sordu.

"İyi," dedi Gülten. "Okuldalar."

"Her şey yolunda mı?" diye sordu Süleyman.

"Evet," dedi Gülten, kısa bir duraksamadan sonra. "Niye sordun?"

Süleyman bu soruya cevap vermeden önce düşündü. Çünkü bu kez gerçekten bir cevap vermek istiyordu. Ama bulamadı.

"Bilmem," dedi. "İçimden geldi."

Telefonu kapattığında masasında öylece kaldı. "İçimden geldi" cümlesi kulağına yabancı gelmişti. Bu merak, alışık olduğu bir merak değildi. Daha çok, yerini bulamayan bir huzursuzluktu.

Telefonu kapattıktan sonra Süleyman bir süre masasından kalkmadı. Ekrana bakıyordu ama görmüyordu. "İçimden geldi" demek, onu rahatsız etmişti. Çünkü bu ifade, kontrol edilemeyen bir şeyin varlığını kabul etmek demekti. Süleyman hayatı boyunca kontrol edebildiği şeylere tutunmuştu. İşine, evine, ailesine. Kontrol edilemeyen şeyler, hep başkalarının başına gelirdi.

Öğleden sonra Gülten'den bir mesaj geldi.

"Yusuf biraz yorgun gibiydi ama parka götürüyorum. Belki açılır."

Süleyman mesajı okudu. "Biraz yorgun" ifadesi zihninde asılı kaldı. Yorgunluk, çocuklar için sıradan bir kelimeydi. Ama bu kelime, son iki gündür ikinci kez karşısına çıkıyordu. Aynı kelimenin bu kadar kısa sürede tekrar etmesi, ona rastlantı gibi gelmedi.

Mesaja cevap yazmadı. Telefonu masanın üstünde bıraktı. Arada bir ekrana baktı. Yeni bir mesaj var mı diye değil; yazılan cümlenin hâlâ orada olup olmadığını görmek için.

İşten çıkış saatinde normalden erken kalktı. Kimseye bir şey söylemedi. Arabaya bindiğinde parkın önünden geçeceğini biliyordu. Bu bilgi, yolculuğun başından beri zihnindeydi.

Parkın önüne geldiğinde yavaşladı. Gözleri otomatik olarak salıncağa gitti. Yusuf orada değildi. Banklara baktı. Yusuf'u gördü. Bankta oturuyordu. Yanında Gülten vardı ama Yusuf, ona yaslanmıyordu. Kendi hâlinde oturuyordu.

Bu görüntü, Süleyman'ın içindeki huzursuzluğu bir adım ileri taşıdı.

Arabayı park etti. Yanlarına yürüdü. Yusuf başını kaldırdı. Gülümsedi. Ama bu gülümseme, Süleyman'ın bildiği gülümseme değildi. Daha kısa sürdü. Gözlerine yerleşmeden kayboldu.

"Salıncak yok mu?" diye sordu Süleyman.

Yusuf omuz silkti. "Biraz sonra."

"Biraz sonra" ifadesi, Süleyman'ın kulağında ağırlaştı. Çünkü Yusuf genelde "şimdi" derdi. "Biraz sonra" beklemek demekti. Yusuf bekleyen bir çocuk değildi.

Eve döndüklerinde Yusuf çantasını kapının yanına bıraktı. Normalde hemen açar, defterlerini çıkarırdı. O gün bunu yapmadı. Odasına gitti. Kapıyı kapatmadı ama aralık bıraktı. Bu da yeni bir ayrıntıydı.

Akşam yemeği sessiz geçti. Yusuf az yedi. Süleyman her lokmayı saymadı ama fark etti. Çatalın tabağa her değdiğinde çıkardığı sesi duydu. Yusuf'un yemeği bırakışını izledi.

"Doydum," dedi Yusuf.

Gülten bir şey söylemedi. Süleyman da söylemedi. Bazen konuşmamak, konuşmaktan daha güvenliydi.

Banyoda Yusuf'un sendelemesi, Süleyman'ın içindeki son savunma duvarını da zayıflattı. Çok kısa bir andı. Yusuf hemen toparladı. Ama Süleyman için o an, büyüdü. Zaman sanki yavaşladı.

"Bir şey mi oldu?" diye sordu.

"Yok," dedi Yusuf. "Ayağım kaydı."

Mantık bu cevabı kabul ediyordu. Ama sezgi, çoktan başka bir yere bakmaya başlamıştı.

Yusuf yatağına girdi. Masal okundu. Yusuf uykuya daldı. Süleyman kapının yanında durdu. Çocuğun nefesini dinledi. Bu nefes, her şeyin hâlâ yolunda olduğunu söylüyordu. Ama Süleyman artık sadece duyduklarına değil, duyamadıklarına da kulak veriyordu.

Gece yatağa yattığında uyku gelmedi. Tavanı izledi. Sabah gördüğü çatlağı hatırladı. Çatlak hâlâ oradaydı. Daha büyük değildi ama artık fark edilmişti. Fark edilen şeyler, bir daha eskisi gibi kalmazdı.

Sabaha karşı kısa bir rüya gördü. Yusuf bir kapının önünde duruyordu. Kapı kapalıydı. Yusuf kapıyı itiyor ama kapı ağırdı. Süleyman arkadaydı ama kapıya ulaşamıyordu. Uyandığında kalbi hızlı atıyordu.

Sabah mutfağa girdiklerinde Yusuf sandalyeye çıktı. Ama bu kez dizlerinin üzerine oturmadı. Normal şekilde oturdu. Süleyman artık bu farkları saymayı bırakmıştı. Çünkü sayılmayacak kadar çoğalmışlardı.

"Bacağın ağrıyor mu?" diye sordu.

Yusuf düşündü. Kelime aradı. Sonra dedi ki:

"Biraz... uyanmak istemiyor gibi."

Bu cümle, Süleyman'ın içindeki her şeyi yerine oturttu. Henüz adı yoktu. Henüz sebebi yoktu. Ama artık inkâr da yoktu.

Bu, bir baba sezgisiydi.

Ve bir kez uyandığında, kolay kolay susmazdı.

Çocuğun Dili – Ağrının Masum Çevirisi

Yusuf ağrıdan ilk kez söz ettiğinde, bunu bir şikâyet gibi söylemedi. Ne ağladı ne de sesini yükseltti. Sanki bedeninde olup biten şey, anlatılması gereken tuhaf ama ilginç bir durumdu. Çocuklar bazen canlarını yakan şeyleri böyle anlatırlardı; sızlanarak değil, keşfeder gibi.

Sabah mutfakta sandalyeye oturduğunda, bacaklarını sallamıyordu. Normalde ayakları yere değmese bile bacaklarını sallardı. Bu, onun var olma hâliydi. O sabah bacakları sessizdi.

Gülten fark etti ama bir şey söylemedi. Süleyman da fark etti ama soru sormadı. Çünkü sorular bazen cevaptan daha ağır olurdu. Yusuf'un ağzından bir şey çıkmasını beklediler. Çocuklar, zorlandıkları şeyleri kendi zamanlarında söylerdi.

Okula gitmeden önce ayakkabılarını giyerken Yusuf durdu. Bağcıklarını bağlamak için eğildi, sonra doğruldu. Tekrar eğildi. Sonra bağcıkları bırakıp babasına baktı.

"Baba," dedi.

Süleyman hemen yanına geldi. "Ne oldu?"

Yusuf dizlerini gösterdi. "Buralar... biraz garip."

"Nasıl garip?"

Yusuf düşündü. Çocuklar, bedenlerini anlatırken kelime değil benzetme ararlardı. O da aradı.

"İçinde karıncalar var gibi," dedi. "Ama böyle hızlı hızlı değil. Ağır ağır yürüyorlar."

Süleyman bu cümleyi duyduğunda gülümsedi. Gülümsemesi içgüdüseldi. Çocukların böyle şeyler söylemesi normaldi. Büyüme ağrıları, yorgunluk, bir önceki gün çok koşturmak... Hepsi mümkündü.

"Karıncalar niye varmış?" diye sordu.

Yusuf omuz silkti. "Bilmiyorum. Uyanmak istemiyorlar."

Bu cevap, Süleyman'ın içinde bir yere dokundu. Ama bunu belli etmedi. Çünkü çocukların bedenleri bazen kendi dillerini kurardı ve bu dil, yetişkinler için fazla şiirsel olabilirdi.

Gülten araya girdi. "Koşmuşsundur dün parkta," dedi. "Ondan olmuştur."

Yusuf başını salladı ama ikna olmuş gibi görünmüyordu. Ayakkabılarını giydi, ayağa kalktı. Bir adım attı, durdu. Sonra bir adım daha attı. Sanki yere basmayı ölçüyordu.

Okul yolunda Yusuf konuşmadı. Arabada arka koltukta otururken camdan dışarı baktı. Süleyman dikiz aynasından onu izledi. Yusuf'un yüzünde bir ağrı ifadesi yoktu ama bir dikkat vardı. Bedenini dinleyen bir dikkat.

Okuldan sonra Gülten Yusuf'u almaya gittiğinde öğretmeni kenara çekti.

"Bugün pek koşmadı," dedi. "Teneffüste oturdu. Belki uykusuzdur."

Bu cümle Gülten'in kulağında kaldı. Yusuf genelde koşardı. Oturmak, onun tercihi değildi. Ama çocukların bazı günleri farklı olurdu. Bunu da biliyordu.

Parka gittiklerinde Yusuf salıncağa doğru koşmadı. Bankın yanına gitti, oturdu. Ellerini dizlerinin üzerine koydu. Ayaklarını yere bastı, sonra çekti.

"Salıncağa binmeyecek misin?" diye sordu Gülten.

"Birazdan," dedi Yusuf.

Bu "birazdan" hiç gelmedi.

Yusuf salıncağın yanına gitti ama binmedi. Elini demire koydu. Soğuktu. Elini çekti. Dizlerini büktü, tekrar doğruldu.

"Anne," dedi. "Bacaklarım bana kızıyor."

"Niye kızıyormuş?"

"Bilmiyorum," dedi Yusuf. "Yere basınca küsmüş gibi oluyorlar."

Bu cümle, bir çocuğun ağrıyı anlatma biçimiydi. Ne sızı ne acı kelimesi vardı içinde. Küsmek, karıncalar, uyanmak istememek... Bunlar bir bedenin, henüz adı olmayan bir şeyle kurduğu ilişkiydi.

Gülten bir an ne diyeceğini bilemedi. Sonra gülümsedi. "Belki dinlenmek istiyorlardır," dedi.

Yusuf başını salladı. "Ama ben oynamak istiyorum."

Bu çelişki, çocuğun içindeki ilk çatışmaydı. Oynamak isteyen bir zihin, dinlenmek isteyen bir beden. Yusuf bunu ilk kez yaşıyordu.

Eve döndüklerinde Yusuf odasına gitti. Oyuncaklarını çıkardı ama oynamadı. Dinozorunu eline aldı, yere koydu. Dinozoru yürütmedi. Sadece baktı.

Süleyman kapının eşiğinden izledi. Yusuf'un oyun oynamaması, onun için en güçlü işaretti. Çünkü Yusuf oyunla konuşan bir çocuktu. Oyun durduğunda, bir şeyler susardı.

"Dinozor niye yürümüyor?" diye sordu.

Yusuf başını kaldırdı. "Ayağı ağrıyor."

"Dinozorun mu?"

Yusuf ciddiyetle başını salladı. "Evet. Çok yürümüş."

Bu, çocuğun kendi bedenini oyuna yansıtma biçimiydi. Ağrıyı kendinden çıkarıp oyuncağa vermek. Böylece katlanılabilir hâle getirmek.

Akşam yemeğinde Yusuf az yedi. Kaşığını kaldırırken bileklerini yavaş hareket ettirdi. Masadan kalkmak istediğinde sandalyesinden kalkarken bir an durdu.

"Anne," dedi, fısıltıyla. "Ben biraz oturayım mı?"

Bu soru, Yusuf için alışılmadık bir soruydu. Normalde izin istemezdi. Kalkar, giderdi. O gün sordu.

Gece yatağa girdiğinde Süleyman yanına oturdu. Yusuf yorganı dizlerine kadar çekti. Ayaklarını sakladı.

"Masal ister misin?" diye sordu Süleyman.

Yusuf başını salladı. Ama masalı dinlerken gözlerini kapatmadı. Bacaklarını yorganın altında kıpırdattı.

"Baba," dedi birden. "Bacaklarım uyanmak istemiyor."

Bu cümle, artık masum bir benzetme değildi. Bu, bir çocuğun bedeninden gelen sinyali en dürüst hâliyle dışarı vermesiydi.

Süleyman cevap vermedi. Çünkü bazen yetişkinlerin dili, çocukların diline yetmezdi.

Gece ilerledikçe ev sessizliğe gömüldü. Televizyon kapandı, mutfakta ışık söndü, kapılar yavaşça örtüldü. Sessizlik bu kez alışıldık bir gece sessizliği değildi; içinde dinleyen bir hâl vardı. Sanki evin kendisi de Yusuf'u izliyordu.

Yusuf yatağında sırtüstü yatıyordu. Normalde masaldan sonra hemen yan döner, dizlerini karnına çekerdi. O gece yan dönmedi. Bacaklarını düz uzattı, sonra biraz büktü, sonra tekrar düzeltti. Yorganın altında küçük hareketler yapıyor, sanki doğru pozisyonu arıyordu.

"Anne," diye seslendi fısıltıyla.

Gülten hemen yanına geldi. "Ne oldu kuzum?"

Yusuf gözlerini tavana dikti. "Bacaklarım... sanki benimle konuşuyor."

"Ne diyorlar?"

Yusuf düşündü. Uzun uzun düşündü. Çocuklar, bedenlerinden gelen şeyi kelimeye dökmek için zamana ihtiyaç duyardı.

"Yorulduk diyorlar," dedi sonunda. "Ama ben yorulmadım."

Bu cümle, çocuğun bedenle ilk pazarlığıydı. Zihni başka, bedeni başka bir şey söylüyordu. Gülten ne diyeceğini bilemedi. Saçlarını okşadı.

"Belki sen yorulmadın ama onlar yorulmuştur," dedi yumuşak bir sesle.

Yusuf bu cevabı kabul eder gibi oldu ama ikna olmadı. Bacaklarını yorganın altından çıkardı. Ayak parmaklarını oynattı.

"Bak," dedi. "Kıpırdıyorlar ama kalkmak istemiyorlar."

Gülten, oğlunun bacaklarına baktı. Görünürde hiçbir şey yoktu. Ne kızarıklık, ne şişlik. Sadece bir çocuğun çıplak, masum bacakları. Ama Yusuf'un bakışı, görünmeyen bir şeye odaklanıyordu.

"Uyumaya çalış," dedi Gülten. "Sabah geçer."

Yusuf başını salladı. Ama gözlerini kapattığında yüzü gevşemedi. Uykuyla pazarlık eden bir ifadesi vardı.

Süleyman kapının eşiğinde duruyordu. Konuşmalara karışmadı. Sadece dinledi. Çocuğun dili, yetişkinlerin alışık olmadığı bir yerden geliyordu. Ama Süleyman o dili duyuyordu. Anlamasa bile duyuyordu.

Gece Yusuf birkaç kez uyandı. Her uyanışta bacaklarını kontrol etti. Yorganı kaldırdı, dizlerine baktı, ayaklarını yokladı. Sonra tekrar yattı. Uykuya dalıyor ama derinleşemiyordu. Sanki bedeni, uykuya izin vermiyordu.

Bir ara rüya gördü.

Rüyasında park vardı. Salıncak vardı ama salıncak yere çok yakındı. Yusuf sallanmak istiyor ama ayakları yerden kesilmiyordu. Ne kadar ittirirse ittirsin, ayakları yere sürtüyordu. Ayakları ağırlaşmıştı. Toprak onları tutuyordu. Yusuf kurtulmak istedikçe toprak daha çok yapışıyordu.

Rüyada ağlamadı. Sadece şaşırdı. Uyanınca da ağlamadı. Ama gözleri açıktı.

Sabah olduğunda Yusuf erkenden uyandı. Normalde yataktan fırlar, koşarak mutfağa giderdi. O sabah yatağın kenarına oturdu. Ayaklarını yere değdirdi. Bir süre öyle kaldı.

"Anne," diye seslendi.

Gülten hemen geldi. Yusuf ayakkabılarını giymeden önce yere bastı. Bir adım attı, durdu. Sonra bir adım daha attı.

"Ne oldu?" diye sordu Gülten.

"Yavaş yürüyorlar," dedi Yusuf. "Koşmak istemiyorlar."

Bu, ağrının bir başka çevirisiydi. Koşmak istemeyen bacaklar. Yusuf bunu bir sorun gibi değil, bir özellik gibi söylüyordu. Ama sesi, önceki günlere göre daha ciddiydi.

Kahvaltı sırasında Yusuf sandalyesine oturdu ama bacaklarını sallamadı. Dizlerini masaya çekmedi. Sanki bacaklarıyla arasına görünmez bir mesafe koymuştu.

Süleyman masadan kalkarken Yusuf ona baktı.

"Baba," dedi. "Ben bugün parkta sadece oturabilir miyim?"

Bu soru, Yusuf'un dünyasında büyük bir değişikliğin ifadesiydi. Park, onun için hareket demekti. Oturmak, oyunun dışına çıkmaktı.

Süleyman diz çöktü. Yusuf'un göz hizasına indi. "İstersen," dedi. "Ama canın isterse oynarsın."

Yusuf başını salladı. "Canım istiyor ama bacaklarım istemiyor."

Bu cümle, bir çocuğun bedenini ilk kez "kendi"sinden ayırdığı andı. O ana kadar bedeniyle birdi. Şimdi beden, ayrı bir varlık gibi davranıyordu.

Okula gitmek için ayakkabılarını giyerken Yusuf bağcıkları bağlamakta zorlandı. Eğildi, doğruldu, tekrar eğildi.

"Baba bağlar mısın?" dedi.

Bu istekte utanma yoktu. Ama bir kabulleniş vardı. Yusuf, o sabah ilk kez yardıma ihtiyaç duyduğunu kabul etmişti.

Süleyman bağcıkları bağlarken Yusuf'un dizlerine dokundu. Yusuf irkildi.

"Acıdı mı?" diye sordu Süleyman.

"Acı değil," dedi Yusuf. "Gıdık gibi ama kötü."

Bu, ağrının masum dildeki en net ifadesiydi. Ne "canım yanıyor" vardı, ne "çok acıyor". Ama "kötü gıdık", çocuğun dünyasında rahatsız edici bir şeydi.

Okul yolunda Yusuf camdan dışarı baktı. Konuşmadı. Arabadan inerken bir an durdu, sonra indi.

"Koşmayacağım," dedi öğretmenine. "Bacaklarım izin vermiyor."

Öğretmen bunu bir şaka sandı, gülümsedi. Yusuf gülümsemedi.

O an, çocuğun dili ile yetişkinlerin dili arasındaki fark netleşti. Yusuf'un bedeni konuşuyordu ama dünya henüz o dili bilmiyordu.

Ve bu dil, çok yakında herkesin öğrenmek zorunda kalacağı bir dile dönüşecekti.

Park – Oyunun Yarım Kalışı

Park, Yusuf'un hayatında bir mekân değil, bir hâldi. Evden çıkıldığında ayakkabılar bağlanır, kapı çekilir, sokak geçilir ve dünya genişlerdi. Park kapısından içeri adım atmak, bedenin ağırlığını arkada bırakmak demekti. Evde masa köşelerine çarpan dizler, okulda sıraya sığmayan bacaklar parkta unutulurdu. Orada düşünce yavaştı; hareket hızlıydı. Yusuf parkta kendini ölçmez, kendini yaşardı.

O gün park kapısının önünde durdu.

Bu duruş, ayakkabısını düzeltmek için değildi; etrafına bakmak için de değildi. Sadece durdu. Demir kapının önünde, bir adım içeri girmeden önce. Gülten ve Süleyman birkaç adım geride kaldı. Ne "hadi" dediler ne de soru sordular. Yusuf'un duruşu, aceleyle bozulacak bir duruş değildi. İçeri girmeden önce verilen bir kararın ağırlığı vardı omuzlarında; ama kararın ne olduğunu Yusuf da bilmiyordu.

Demirin soğuğu avucuna değdi. Yusuf kapının kenarını yokladı; sanki içeri girmeden önce parkın nabzını tutmak ister gibi. Parkın içi her zamanki seslerle doluydu: salıncakların zincirleri gıcırdıyor, kaydıraktan kayan çocuklar bağırıyor, kum havuzunda kovalar devriliyordu. Hayat parkta bütün gücüyle akıyordu ve bu akış Yusuf'u beklemiyordu. Oysa Yusuf parkı hep kendisini bekler gibi bilmişti.

Bir adım attı. Sonra bir adım daha. Yürüyordu ama koşmuyordu. Ayaklarını yere basarken dikkatliydi; her adımı tartıyor, sanki zeminle pazarlık ediyordu. Süleyman bunu fark etti. Fark ettiği şeyi adlandırmadı. Adlandırmak, büyütmekti; büyütmek ise korkutmaktı. Gülten'in sesi yumuşak geldi:

"Salıncağa gidelim mi?"

Yusuf başını salladı. Bu sallama bir onay değildi; bir ihtimali kabul edişti. Salıncağın önünde durdular. Yusuf zincirlere baktı. Demirin soğukluğu eline geçti. Normalde zincire asılır, bir hamlede kendini yukarı çekerdi. O gün zinciri tuttu, sonra bıraktı. Parmaklarını açtı, kapadı. Sanki zincirle değil, kendi bedeniyle konuşuyordu.

"İstersen ben iteyim," dedi Süleyman.

Yusuf salıncağa oturdu ama tam oturmadı; ucu ucuna. Ayakları yere değiyordu. Süleyman hafifçe itti. Salıncak ileri geri hareket etti, bir ritim oluştu; ama Yusuf o ritme girmedi. Ayaklarını yerden kesmedi. "Biraz daha" demedi. Parkta bu sessizlik, en yüksek sesti.

Bir süre sonra indi. Yüzünde hayal kırıklığı yoktu; şaşkınlık vardı. Sanki salıncak görevini yapmamıştı. Ya da beden. Gülten sordu:

"Niye indin?"

Yusuf düşündü. Düşünürken dizlerine baktı. "Yukarı çıkmak istemedi," dedi.

"Kim?" diye sordu Süleyman.

"Bacaklarım."

Bu cümleyle birlikte beden, "ben" olmaktan çıktı; "onlar" oldu. Yusuf banklara doğru yürüdü. Oturdu. Ayaklarını sallamadı. Ellerini dizlerinin üzerine koydu. Yan bankta yaşıtı bir çocuk koşuyor, düşüyor, kalkıyordu. Yusuf onu izledi. Kıskançlık yoktu;

camın arkasından bakar gibi bir mesafe vardı. Oyun, bir anda seyir hâline gelmişti.

"Ben de koşabilir miyim?" diye sordu birden.

"İstersen," dedi Süleyman.

Yusuf ayağa kalktı. Bir adım attı. İkinci adımı atmadan durdu. Sonra geri oturdu. Sesi kısık çıktı:

"İstemiyorlar."

"Kim istemiyor?"

"Bacaklarım."

Aynı kelime, aynı kararlılık. Uydurma değildi; tekrardı. Gülten yanına oturdu. "Canın acıyor mu?" diye sordu.

"Acı değil," dedi Yusuf. "Ama dolu gibi."

"Nasıl dolu?"

"Taş gibi."

Taş, Yusuf'un dünyasında ağırdı. Taş yerinden kıpırdamazdı. Parkta zaman ilerledi; güneş biraz daha eğildi. Çocukların sesi azalmadı ama Yusuf'un dünyasında park sessizleşti. Oyun yarım kalmıştı; ama henüz kimse bunun adını koymamıştı.

Yusuf bankta otururken parkın sesleri ona biraz uzaktan gelmeye başladı. Çocukların bağırışları, zincirlerin gıcırtısı, koşan ayakların yere vuruşu... Hepsi oradaydı ama Yusuf'un içinde değildi. Sanki park, birkaç adım geri çekilmişti. Oyun hâlâ sürüyordu ama Yusuf oyunun kenarına itilmişti.

Gülten, oğlunun yüzüne baktı. Yüzünde ağlama yoktu. Canı yanıyormuş gibi bir ifade de yoktu. Daha çok, anlamaya çalışan bir yüz vardı. Çocuklar, bedenleriyle ilk kez anlaşamadıklarında böyle bakarlardı. Ne kızgın ne üzgün; sadece şaşkın.

"İstersen kaydırağa bakalım," dedi Gülten, son bir ihtimali denemek ister gibi.

Yusuf başını kaldırdı, kaydırağa baktı. Bir an için gözlerinde eski hevesin gölgesi belirdi. Ayağa kalktı. İki adım attı. Sonra durdu. Geri döndü.

"Yukarı çıkmak zor," dedi.

"Niye?" diye sordu Süleyman.

Yusuf omuzlarını silkti. "Bacaklarım ağır."

Bu kelime, Yusuf'un sözlüğünde yeniydi. "Ağır." Daha önce oyuncaklar ağır olurdu, taşlar ağır olurdu. Şimdi bacaklar ağırdı. Bu, oyunun dilinden bedenin diline geçişti.

Gülten Yusuf'un yanına çöktü. "İstersen biraz dinlenelim," dedi.

Yusuf bankın kenarına yaslandı. Ayaklarını ileri uzattı. Normalde parkta ayaklarını hiç böyle uzatmazdı. Ayaklar ya koşar ya sallanırdı. Uzatmak, durmak demekti.

Bir süre sessiz oturdular. Süleyman etrafa bakındı. Diğer aileleri izledi. Çocuklarını izleyen anne babalar vardı; telefonlarına bakanlar, bankta sohbet edenler... Hiçbiri onların yaşadığı bu küçük ama derin anın farkında değildi. Park, herkes için aynı park değildi.

Yusuf bir çakıl taşı aldı. Taşı elinde çevirdi. Sonra yere koydu. Ayağını üstüne bastı, çekti.

"Taş sert," dedi.

"Evet," dedi Süleyman.

"Benim bacaklarım da öyle," dedi Yusuf. "Sert."

Bu cümle, oyunun tamamen bittiği andı. Çünkü Yusuf artık hissettiğini saklamıyordu. Oyuna dönüştürmüyor, benzetmelerle kaçmıyordu. Doğrudan söylüyordu.

Gülten'in boğazı düğümlendi. Ama yüzünü bozmadı. Çünkü çocuklar, ebeveynlerinin yüzünden korkuyu hemen okurdu.

"Eve gidelim mi?" diye sordu.

Yusuf parkın içine son bir kez baktı. Salıncağa değil, çocuklara değil. Parkın tamamına. Sonra başını salladı.

"Gidelim."

Bu tek kelime, parkta söylenen en ağır kelimeydi.

Ayağa kalkarken Süleyman yardım etmek istedi ama Yusuf elini çekmedi. Yardımı kabul etti. Bu da yeniydi. Parkta yardım kabul etmek, oyunun kurallarına aykırıydı.

Kapıya doğru yürürlerken Yusuf'un adımları kısaydı. Ne koştu ne hızlandı. Park kapısından çıkarken arkasına bakmadı. Bu, oyunun kapandığı yerdi.

Parktan eve dönüş, Yusuf için her zaman kısa gelirdi. Koşarak geçilen sokaklar, atlanılan kaldırım taşları, "önce ben çıktım" diye yarışılan apartman kapısı... O gün yol uzundu. Sokak aynı sokaktı ama Yusuf'un adımları küçülmüştü. Yürürken ayaklarını yere dikkatle koyuyor, sanki kaldırımın sertliğiyle pazarlık ediyordu.

Süleyman bir süre Yusuf'un önünde yürüdü, sonra farkında olmadan hızını düşürdü. Gülten arkadan geliyordu. Yusuf ikisinin arasında kaldı. Ne öne geçmek istedi ne de geride kalmak. Bu da yeniydi. Yusuf hep önde olurdu.

Apartmanın önüne geldiklerinde Yusuf durdu. Merdivenlere baktı. Bu bakış, park kapısındaki bakışa benziyordu. Önünde aşılması gereken bir şey varmış gibi. Süleyman anahtarı çıkardı ama kapıyı hemen açmadı.

"İstersen yavaş yavaş çıkarız," dedi.

Yusuf başını salladı. "Olur."

Bu "olur", bir kabulleniştir. Yusuf merdivenleri çıkmaya başladı. Her basamakta durmadı ama eskisi gibi atlamadı da. Basamaklar artık oyun değildi; ölçülmesi gereken şeylerdi. Süleyman bir basamak gerisinde durdu. Yardım etmeye hazırdı ama dokunmadı. Çünkü dokunmak, gerçeği kabul etmekti.

Eve girdiklerinde Yusuf ayakkabılarını kapının önünde çıkardı. Normalde fırlatırdı. O gün düzgünce kenara koydu. Çoraplarıyla koşmadı. Salona yürüdü, koltuğun kenarına oturdu. Dizlerini karnına çekmedi. Bacaklarını düz uzattı. Bu duruş, Yusuf için yabancıydı.

Gülten mutfağa geçti. Bardaklara su koydu. Yusuf suyu iki eliyle tuttu. Küçük yudumlar aldı. Gözleri bardakta değildi; sanki bacaklarını dinliyordu. Bedenini dinleyen bir sessizlik çöktü eve.

Oyuncak kutusu salondaydı. Yusuf normalde eve girer girmez açardı. O gün bakmadı. Süleyman kutuyu Yusuf'a doğru itti.

"Biraz oynar mısın?" diye sordu.

Yusuf kutunun içindeki oyuncaklara baktı. Arabalar, figürler, toplar... Hepsi oradaydı. Ama Yusuf'un bakışı hiçbirine takılmadı.

"Sonra," dedi.

Bu "sonra", ilk kez belirsizdi. Normalde "sonra" derken ne zaman olduğunu bilirdi. O gün bilmiyordu.

Akşam yemeği hazırlanırken Yusuf koltukta kaldı. Televizyon açıldı ama Yusuf bakmadı. Sesler geldi ama ona ulaşmadı. Süleyman bir an için oğlunun çocukluğunu izliyormuş gibi hissetti; sanki Yusuf, kendi bedeninden biraz uzaklaşmıştı.

Masaya oturduklarında Yusuf birkaç lokma aldı. Çiğnedi, yuttu, durdu. "Doydum," dedi. Bu kelime, erken gelmişti. Gülten bir şey söylemedi. Süleyman da. Sessizlik artık konuşuyordu.

Yemekten sonra Yusuf yerinden kalkmak istedi. Kalktı, bir an durdu, sonra tekrar oturdu. "Biraz sonra," dedi. Bu da parkta başlayan "biraz"ların evdeki devamıydı.

Gülten Yusuf'un yanına oturdu, saçlarını okşadı. Yusuf başını annesinin omzuna yasladı. Parkta başlayan temas ihtiyacı, eve taşınmıştı. Bu temas, oyunun yerini alıyordu.

Süleyman o an şunu hissetti:

Parkta yarım kalan şey, evde tamamlanmayacaktı.

Oyun bitmişti ama yerine gelen şey henüz adını almamıştı.

Ve bu belirsizlik, oyundan daha ağırdı.

Gece çöktüğünde evdeki sessizlik gündüzden farklıydı. Gündüz sessizliği, hareketten sonra gelen bir duraktı; gece sessizliği ise bekleyen bir şey gibiydi. Yusuf yatağına uzandığında bacaklarını yorganın altına çekmedi. Düz uzattı. Ayak parmaklarını oynattı, sonra durdu. Sanki bedenini yokluyor, hâlâ kendisine ait olup olmadığını anlamaya çalışıyordu.

Süleyman kapının eşiğinde durdu. Odaya girmedi ama çıkmadı da. Yusuf'un nefesini dinledi. Nefes düzenliydi. Bu, bir babayı rahatlatması gereken bir şeydi. Ama o gece rahatlatmadı. Çünkü nefes almak, oyunun geri geleceği anlamına gelmiyordu.

"Baba," dedi Yusuf, sesi alçaktı. "Bugün parkta yanlış bir şey mi yaptım?"

Bu soru, Süleyman'ın içini sertçe kesti. Çünkü Yusuf, bedeniyle yaşadığı şeyi bir hata gibi düşünmeye başlamıştı. Çocuklar, açıklayamadıkları şeyler için kendilerini suçlama eğilimindeydi.

"Hayır," dedi Süleyman, hiç tereddüt etmeden. "Yanlış bir şey yapmadın."

"Peki neden böyle oldu?" diye sordu Yusuf.

Bu sorunun cevabı yoktu. Henüz yoktu. Süleyman yatağın kenarına oturdu. Yusuf'un saçlarını okşadı.

"Bazen bedenler oyun oynamak istemez," dedi. "Tıpkı bazen bizim de yorulmamız gibi."

Yusuf bu cevabı düşündü. Gözlerini tavana dikti. "Ama ben yorulmadım," dedi. "Sadece bacaklarım."

Bu ayrım, Yusuf'un dünyasında artık netti. Oyun isteyen bir zihin, durmak isteyen bir beden. Süleyman, bu ayrımın geçici olmasını umdu. Ama umut, sezgiyle çarpışıyordu.

Gülten kapıda belirdi. Yusuf'a gülümsedi. "Masal okuyalım mı?" diye sordu.

Yusuf başını salladı. Masal başladı. Yusuf masalın ortasında uykuya daldı ama yüzü gevşemedi. Kaşları hafifçe çatılı kaldı. Sanki uykuda bile bedenini dinliyordu.

Gece boyunca Yusuf birkaç kez kıpırdandı. Yorganı itti, tekrar çekti. Bir ara uyanır gibi oldu ama gözlerini açmadı. Bacaklarını yokladı. Sonra tekrar uyudu. Bu küçük hareketler, Süleyman'ın uykusunu böldü. Her kıpırtıda gözlerini açtı. Her seferinde "geçecek" demek istedi. Ama demedi.

Sabah olduğunda Yusuf erkenden uyandı. Normalde yataktan fırlar, koşarak mutfağa giderdi. O gün yatağın kenarına oturdu. Ayaklarını yere değdirdi. Bir süre öyle kaldı.

"Anne," diye seslendi.

Gülten geldi. "Kahvaltı hazır," dedi.

Yusuf ayağa kalktı. Bir adım attı. Sonra durdu. Yüzünü buruşturmadı. Ağlamadı. Sadece durdu.

"Bugün parkta oynayamayacağım gibi," dedi.

Bu cümle, bir tahmin değildi. Bir kabullenişti. Oyun, Yusuf'un zihninde parkla birlikte durmuştu. Sanki parkta yarım kalan şey, zamanın geri kalanına yayılmıştı.

Süleyman bu anın geri dönüşsüz olduğunu hissetti. Çünkü çocuklar bir şeyi "oynayamayacağım" diye adlandırdığında, o şey artık sadece o günle sınırlı kalmazdı. Yusuf, çocukluğunun bir parçasını ilk kez bilinçli olarak kenara koyuyordu.

Park hâlâ oradaydı. Salıncaklar hâlâ sallanıyordu. Kaydıraklar hâlâ kayıyordu. Ama Yusuf için park, artık sadece bir yerdi. Oyunla arasına giren bu görünmez çizgi, silinecek gibi durmuyordu.

Süleyman pencereye baktı. Parkın olduğu yöne. Gözleri bir noktaya takıldı ama baktığını görmedi. İçinden geçen cümle netti:

Bu, bir gün meselesi değildi.

Çocukluk, çoğu zaman büyük bir gürültüyle bitmezdi. Bazen bir salıncağın yerden kesilmemesiyle biterdi. Bazen bir çocuğun "bugün oynayamayacağım" demesiyle.

Parkta oyun yarım kalmıştı. Ve yarım kalan oyunlar, insanın içinde tamamlanmadan kalırdı.

İlk Leke – Normalin Dağılması

Leke ilk fark edildiğinde, Yusuf bunun önemli bir şey olduğunu düşünmedi. Zaten çocuklar, bedenlerindeki değişimleri "önemli" ve "önemsiz" diye ayırmazlardı. Kaşıntı, çizik, morluk... Hepsi bedenin oyunlarıydı. Yusuf da öyle sandı.

Banyodan çıkmıştı. Havlu beline doluydu. Gülten saçlarını kuruluyordu. Yusuf aynanın karşısında durmuş, bacağını eğip doğrultuyordu. Dizinin biraz üstünde, deriye yakın ama tam da yüzeyde olmayan bir renk fark etmişti. Ne tam mor, ne tam kırmızı. Daha çok, bastırılmış bir renk gibiydi.

"Anne," dedi. Sesi meraklıydı, korkulu değil. "Buraya bak."

Gülten havluyu bıraktı, eğildi. Yusuf'un dizinin üstüne baktı. Küçük bir alan. Yuvarlak sayılmazdı ama köşeli de değildi. Sanki derinin altına bir şey bırakılmış gibiydi.

"Çarpmışsındır," dedi Gülten, refleksle.

Bu cümle, evlerde sık söylenen bir cümleydi. Çarpmışsındır. Düşmüşsündür. Olur öyle. Gülten de o an başka bir ihtimali düşünmedi. Çünkü düşünmek istemedi.

Yusuf lekeye dokundu. Bastırdı. Sonra bastırdığı yeri bıraktı.

"Acımıyor," dedi. "Ama tuhaf."

"Tuhaf nasıl?" diye sordu Gülten.

Yusuf düşündü. "Sanki orada bir şey unutmuşlar gibi."

Bu cümle, Gülten'in içini kısa bir an ürpertti. Ama bunu yüzüne yansıtmadı. Çocukların benzetmeleri bazen gereğinden fazla anlamlı olurdu. O anlamlara kapılmamak gerekirdi.

"Geçer," dedi. "Yarın bakarız."

Yusuf başını salladı. Ama lekeye bir kez daha baktı. Sonra pijamasını giydi. O gece leke, Yusuf'un dünyasında bir ayrıntıydı. Ne oyununu bozdu ne uykusunu. Ama Gülten'in zihninde, fark edilip kenara konmuş bir nesne gibi durdu.

Ertesi sabah Yusuf bacağını esnetirken yine baktı. Leke hâlâ oradaydı. Rengi değişmemişti. Ne açılmış ne koyulaşmıştı. Yusuf bu kez bir şey söylemedi. Sadece baktı.

Gülten fark ettiğini anladı. Çünkü Yusuf'un bakışı, bir şeyi takip eden bakıştı.

"Duruyor mu?" diye sordu.

"Evet," dedi Yusuf. "Gitmemiş."

Bu "gitmemiş" kelimesi, Gülten'in zihninde yankılandı. Lekeler genelde giderdi. Morluklar sararır, solar, kaybolurdu. Gitmemek, bir ısrarı çağrıştırıyordu.

Kahvaltıdan sonra Süleyman da gördü lekeyi. Yusuf pijamasının paçasını kaldırdı, hiç çekinmeden gösterdi.

"Bak baba," dedi. "Bu da benimle gelmiş."

"Ne gelmiş?" diye sordu Süleyman.

"Bu," dedi Yusuf. "Dün parktaydı, bugün de burada."

Süleyman diz çöktü. Daha yakından baktı. Renk tanıdıktı ama tam olarak adlandırılamıyordu. Bir morluk gibi değildi. Bir kızarıklık gibi de değildi.

"Acıyor mu?" diye sordu.

Yusuf başını salladı. "Hayır."

"Koşarken zorlanıyor musun?"

Yusuf omuz silkti. "Zaten koşmuyorum."

Bu cümle, Süleyman'ın içini sıkıştırdı. Parkta yarım kalan oyun, şimdi bacakta somut bir iz bırakmış gibiydi. Ama yine de paniğe yer yoktu. Henüz yoktu.

"Bir doktora gösterelim mi?" dedi Gülten, temkinli bir sesle.

Bu soru, evde ilk kez "doktor" kelimesinin telaffuz edilişiydi. Ama kelime ağır değildi. Daha çok, kontrol etmek gibi söylenmişti.

"Olur," dedi Süleyman. "Bir bakalım."

Bu "bakalım", mücadelenin ilk kelimesiydi. Ama o an kimse bunu böyle görmüyordu.

Hastaneye gitmek, o sabah için sadece bir işti. Alışverişe gitmek gibi. Yusuf da öyle düşündü. Ayakkabılarını giydi, çantasını almadı. Çünkü okul değil, sadece bakılacaktı.

Hastanede bekleme salonu vardı. Beyaz duvarlar, plastik sandalyeler. Yusuf sandalyeye oturdu. Bacağını sallamadı. Gülten kayıt için ayağa kalktı.

"Refakatçi siz misiniz?" diye sordu görevli.

"Annesiyim," dedi Gülten.

"Bir kişi refakat edebilir," dedi görevli, rutin bir sesle. "Prosedür böyle."

Bu kelimeler, o an havada asılı kaldı. Refakat. Prosedür. Gülten başını salladı. Süleyman da. Kimse itiraz etmedi. Çünkü henüz itiraz edilecek bir şey yoktu.

Ama kelimeler, söylenmişti.

Ve söylenen kelimeler, bir daha unutulmazdı.

Muayene odasının kapısı kapandığında, içerideki sessizlik dışarıdakinden farklıydı. Bekleme salonunda insanlar vardı; içeride ise sadece Yusuf, Gülten ve beyaz önlüklü bir doktor. Yusuf sedire oturdu. Ayaklarını sarkıttı ama sallamadı. Bu ayrıntı, artık alışılmadık hâle gelmişti.

Doktor Yusuf'un dizine eğildi. Eliyle lekenin etrafını yokladı. Bastırdı, bıraktı. Yusuf yüzünü buruşturmadı.

"Acı var mı?" diye sordu doktor.

"Yok," dedi Yusuf.

"Kaşınıyor mu?"

"Hayır."

Doktor başını salladı. Bu sallama, bir onay değil; bir alışkanlıktı. Gülten bu hareketi izledi. Doktorun yüzünde bir telaş yoktu. Bu, Gülten'i rahatlattı. Çünkü telaş, bulaşıcıydı.

"Çarpmış olabilir," dedi doktor. "Çocuklar fark etmez."

Bu cümle, evde söylenen cümlenin tıpkısıydı. Gülten o an rahatladı. Aynı cümle iki yerde söylenmişti. Bu, bir güven hissi yaratıyordu. Çünkü tekrar eden şeyler, doğru gibi gelirdi.

"Bir şey yapalım mı?" diye sordu Gülten.

"Şimdilik gerek yok," dedi doktor. "Takip edelim. Geçmezse bakarız."

Bu "bakarız", evdeki "yarın bakarız"la aynıydı. Kelimeler birbirine ekleniyor, küçük bir zincir oluşturuyordu. Ama zincirin nereye gittiğini kimse görmüyordu.

Doktor muayeneyi bitirdi. Yusuf sedirden indi. Ayakkabılarını giydi. Çıkmadan önce lekeye bir kez daha baktı. Sanki leke, orada kalmakta kararlıydı.

Koridora çıktıklarında Süleyman onlara doğru yürüdü. Gülten'in yüzüne baktı.

"Bir şey yokmuş," dedi Gülten.

Bu cümle, o günün en güçlü cümlesiydi. Bir şey yokmuş. Süleyman başını salladı. Yusuf da salladı. Ama Yusuf'un bakışı, lekenin olduğu yerde kaldı.

Hastaneden çıkarken Yusuf kapının otomatik olarak açılmasını izledi. Normalde ilgisini çekmezdi. O gün baktı. Mekanik bir hareketti; kapı açıldı, kapandı. Yusuf bu düzeni sevdi. Çünkü düzen, güven demekti.

Arabaya bindiklerinde Yusuf arka koltuğa oturdu. Bacağını koltuğa çekmedi. Düz uzattı. Camdan dışarı baktı.

"Geçecek mi?" diye sordu birden.

"Geçecek," dedi Gülten, tereddütsüz.

Bu cevap, bir bilgi değil; bir temennidi. Ama Yusuf bunu bilgi gibi aldı. Çocuklar, yetişkinlerin ses tonuna inanırdı.

Eve döndüklerinde Yusuf oyuncağını eline aldı. Biraz oynadı. Ama oyun eskisi gibi değildi. Hareket kısa sürdü. Sonra oyuncağı bıraktı.

Leke hâlâ oradaydı. Ama artık bir isim almıştı: "önemsiz."

Bu isim, şimdilik yeterliydi. Çünkü aile, normalin dağılmasını ancak küçük parçalara bölerek kaldırabilirdi. O gün, sadece bir parça düşmüştü.

Ama düşen parçalar, geri yerine konmazdı.

Eve döndükten sonra leke, gündelik hayatın içinde görünmez bir eşya gibi yerini aldı. Masadaydı ama kimse ona bakmıyordu. Görülüyor ama konuşulmuyordu. Yusuf pantolonunu giyerken paçasını biraz daha aşağı çekti. Bunu fark eden oldu ama kimse bir şey demedi. Çünkü konuşmak, önem vermek demekti.

Gülten mutfakta akşam yemeğini hazırlarken, gözleri sürekli saate kaydı. Saatin kendisi önemli değildi; akşamın ilerleyişi önemliydi. Zaman ilerledikçe, doktorun söylediği "takip edelim" cümlesi, zihninde yer değiştirmeye başladı. Takip etmek, bir şeyin varlığını kabul etmekti. Ama hâlâ adı konmamıştı.

Süleyman gazeteyi eline aldı, sayfaları çevirdi. Normalde okurdu. O gün bakıyordu. Gözleri satırların üzerinden geçiyor ama cümleler içeri girmiyordu. Arada Yusuf'a baktı. Yusuf koltukta oturuyordu. Oyuncağı elindeydi ama oynamıyordu. Oyuncak, sadece tutuluyordu.

"Bir şey ister misin?" diye sordu Süleyman.

Yusuf düşündü. "Hayır."

Bu "hayır", yorgun bir hayırdı. İstekten değil, vazgeçişten geliyordu.

Akşam yemeğinde herkes yerindeydi. Tabaklar doluydu. Yusuf birkaç lokma aldı. Sonra durdu. Gülten tabağına baktı ama "ye" demedi. Çünkü zorlamak, dikkati lekeye çekebilirdi. Leke artık evin kurallarını belirliyordu ama kimse bunu yüksek sesle söylemiyordu.

"Yarın okula gidecek miyim?" diye sordu Yusuf.

"Tabii," dedi Gülten. "Neden gitmeyesin?"

Yusuf omuz silkti. "Sordum."

Bu soru, bir gerekçe aramıyordu. Sadece sorulmuştu. Çünkü Yusuf'un dünyasında "normal" artık kontrol edilmesi gereken bir şeydi.

Yemekten sonra Yusuf banyoya gitti. Gülten kapının önünde bekledi. Yusuf pijamasını giyerken lekeye baktı. Parmak ucuyla dokundu. Bastırdı. Bıraktı.

"Hâlâ burada," dedi.

"Evet," dedi Gülten. "Ama geçecek."

Bu cümle, artık daha yavaş söyleniyordu.

Yatağa gittiğinde Yusuf yorganı dizlerine kadar çekti. Ayaklarını sakladı. Süleyman masal okudu. Masal bitmeden Yusuf uyudu. Ama yüzü gevşemedi. Kaşları hafifçe çatılı kaldı.

Gece boyunca Gülten birkaç kez uyandı. Yusuf'un odasına baktı. Yorganın hareket edip etmediğini kontrol etti. Bu da yeni bir davranıştı. Daha önce kontrol etmezdi. Çünkü kontrol edilecek bir şey yoktu.

Sabah olduğunda Yusuf yine erken uyandı. Ama yataktan fırlamadı. Oturdu. Bacağını indirdi. Yere bastı. Yüzünü ekşitmedi ama durdu.

"Anne," dedi. "Bugün de bakacak mıyız?"

"Bakacağız," dedi Gülten. "Ama şimdi kahvaltı."

Bu "bakacağız", bir söz vermeydi. Ama neye bakılacağı hâlâ belirsizdi.

Leke, artık sadece bir iz değildi. Evdeki cümlelerin içine girmişti. Zamanın akışını yavaşlatmıştı. Normal, çatlamıştı ama henüz kırılmamıştı.

Ve herkes, kırılmaması için sessizce tutuyordu.

İkinci başvuru kararı, yüksek sesle alınmadı. Kimse "tekrar hastaneye gidelim" demedi. Karar, evin içinde yavaş yavaş şekillendi. Gülten mutfakta bulaşıkları yıkarken, Süleyman salonda otururken, Yusuf odasında sessizce bir kitabın sayfalarını çevirirken... Karar, konuşulmadan verildi.

Leke üçüncü gün de oradaydı.

Rengi hâlâ aynıydı. Ne açılmıştı ne koyulaşmıştı. Bu sabitlik, Gülten'i ilk muayenedeki belirsizlikten daha fazla huzursuz etti. Çünkü geçmeyen şeyler, takip isterdi. Takip ise bir ciddiyet demekti.

"Bir daha gösterelim mi?" dedi Gülten, akşamüstü.

Süleyman başını kaldırdı. Bir an durdu. Sonra "Evet," dedi. Bu "evet", ilkinden farklıydı. Daha kısa, daha netti. Bir ihtimali kabul edişti.

Yusuf konuşmadı. Ama ayakkabılarını giyerken daha dikkatliydi. Pantolonunun paçasını indirirken lekeyi saklamaya çalışmadı. Sanki artık saklamanın bir anlamı kalmamıştı.

Hastaneye bu kez daha erken saatlerde gittiler. Bekleme salonu doluydu. Yusuf sandalyeye oturdu. Yanında oturan yaşlı bir adam ona baktı, gülümsedi. Yusuf karşılık vermedi. Gözleri yerdeydi.

Kayıt masasındaki görevli bu kez daha hızlı konuştu.

"Dosyanız var," dedi. "Daha önce gelmişsiniz."

Bu cümle, evdeki "bir şey yokmuş" rahatlığını yerinden oynattı. Dosya demek, kayıt demekti. Kayıt, bir şeyin artık sistemin içine girmesi demekti.

"Refakatçi yine aynı mı?" diye sordu görevli.

"Evet," dedi Gülten.

"Prosedür gereği çocuk yalnız alınacak, siz dışarıda bekleyeceksiniz."

Bu kez "refakat" ve "prosedür" kelimeleri havada asılı kalmadı. Yere düştü. Ağırlık kazandı. Gülten itiraz etmedi. Süleyman da. Çünkü henüz itiraz edecekleri şeyin ne olduğunu bilmiyorlardı.

Yusuf muayene odasına girerken arkasına baktı. Bu bakış, park çıkışındaki bakışsızlıktan farklıydı. Bu kez arıyordu. Gülten el salladı. Yusuf başını salladı. Kapı kapandı.

Koridorda beklerken zaman yavaşladı. Süleyman saatine baktı. Gülten duvara. Hiçbiri konuşmadı. Çünkü konuşmak, korkunun adını çağırabilirdi.

Kapı açıldığında doktor dışarı çıktı. Yüzünde panik yoktu. Ama rahatlık da yoktu. Bu ara ifade, Gülten'in kalbini hızlandırdı.

"Bir iki tetkik isteyelim," dedi doktor. "Acele etmeye gerek yok ama netleştirelim."

Bu cümledeki "netleştirelim" kelimesi, mücadelenin ilk resmi kelimesiydi. Artık bakmak yetmiyordu. Artık anlamak gerekiyordu.

Yusuf odadan çıktı. Yüzü sakindi. Ama gözlerinde bir soru vardı.

"Beni bırakmadınız, değil mi?" diye sordu.

"Buradaydık," dedi Gülten. "Hep buradaydık."

O an, aile için bir çizgi daha aşıldı. Normal, artık eski hâliyle geri gelmeyecekti. Ama onun yerine ne geleceği de henüz bilinmiyordu.

Leke, hâlâ küçüktü.

Ama hayatın içine açtığı çatlak büyüktü.

Bu çatlağın içinden; hastaneler, bekleme salonları, dosyalar, refakatler, prosedürler sızmaya başlamıştı.

Ve o gün, kimse yüksek sesle söylemedi ama herkes aynı şeyi hissetti:

Bu artık geçici bir şey değildi. Mücadele başlamıştı.

BÖLÜM II – YOL: SİSTEMLE TANIŞMA

Acil Servis – Yabancı Dil

Acil servisin kapısından içeri girdiklerinde, Yusuf ilk olarak kokuyu fark etti. Keskin, tanıdık olmayan bir koku. Ne okul koridorlarına benziyordu ne de evdeki temizlik kokularına. Daha çok, bir şeylerin sürekli silindiği ama hiçbir zaman tamamen temizlenemediği bir yer hissi vardı havada.

Kapı otomatik olarak açıldı. Aynı park kapısının otomatik açılışı gibi. Ama burada oyun yoktu. Kapı açıldı, içeri girdiler ve dünya bir anda daraldı.

Işıklar parlaktı. Fazla parlaktı. Duvarlar beyazdı ama sıcak değildi. Beyaz, burada rahatlatıcı değil; mesafeliydi. Yusuf annesinin elini daha sık tuttuğunu fark etti. Gülten farkında olmadan Yusuf'un elini biraz daha yukarıdan kavramıştı. Çocuğun elini değil, bileğini tutuyordu artık. Bu, bırakmamaya dair bir refleks gibiydi.

Girişte bir masa vardı. Masanın arkasında oturan görevli başını kaldırmadan konuştu.

"T.C. kimlik numarası?"

Bu cümle, ailenin o gün duyduğu ilk yabancı cümleydi. Ses tonu düzdü. Ne sertti ne yumuşak. Sanki insanlara değil, sıraya hitap ediyordu.

Süleyman cüzdanını çıkardı. Kimliği uzattı. Görevli kimliği aldı, ekrana baktı, bir şeyler yazdı.

"Şikâyet?" diye sordu.

Bu kelime, havada asılı kaldı. Şikâyet... Yusuf, kelimenin kendisini anlamadı ama ses tonundan önemli bir şey söylendiğini hissetti.

"Bacağında bir leke var," dedi Gülten. "Bir süredir geçmiyor."

Görevli başını kaldırmadı. "Ağrı var mı?"

"Bazen," dedi Gülten. "Ama—"

Görevli cümleyi tamamlamasını beklemedi. Bilgisayara yazmaya devam etti. Çünkü burada cümleler tamamlanmazdı; sınıflandırılırdı.

"Bekleyin," dedi. "Çağrılacaksınız."

Bu da bir emirdi ama sert değildi. Sadece alışılmıştı.

Bekleme alanına geçtiler. Plastik sandalyeler yan yana dizilmişti. İnsanlar oturuyordu, yatıyordu, ayakta bekliyordu. Kimi inliyordu, kimi sessizdi. Herkes aynı yerdeydi ama kimse aynı durumda değildi.

Yusuf sandalyeye oturdu. Bacaklarını sallamadı. Ayaklarını yere bastı. Etrafına baktı. Bir adam kolunu tutuyordu. Bir kadın ağlıyordu. Bir çocuk sedyede uyuyordu. Yusuf ilk kez, bedenlerin ne kadar farklı şekillerde acı çekebildiğini fark etti.

"Anne," dedi fısıltıyla. "Burası park gibi değil."

Gülten gülümsedi ama gülümsemesi kısa sürdü. "Değil," dedi. "Ama birazdan çıkacağız."

Bu cümle, evdeki "geçecek" cümlesinin hastane versiyonuydu.

Duvara asılı ekranda numaralar yanıp sönüyordu. Bir ses numara okudu. Kimse adını söylemiyordu. İnsanlar numaraya dönüşüyordu. Yusuf kendi numarasını bilmiyordu ama beklemesi gerektiğini anlamıştı.

Süleyman saatine baktı. Saat ilerliyordu ama zaman ilerlemiyordu. Bekleme, zamanın başka türlü aktığı bir yerdi. Dakikalar uzuyor, saniyeler ağırlaşıyordu.

Yusuf başını babasının omzuna yasladı. Bu, parkta başlayan temasın yeni bir biçimiydi. Oyun yoktu. Koşu yoktu. Sadece bekleme vardı.

Ve bu bekleme, ailenin "sistem"le ilk tanışmasıydı.

Bekleme alanında otururken Yusuf'un koluna plastik bir bileklik takıldı. Hemşire hızlıydı. Bilekliği taktı, barkodu okuttu, bir şeyler söyledi ama söylediği kelimeler Yusuf'un kulağında netleşmedi. Sanki cümleler yarım bırakılıyor, geri kalanı havaya karışıyordu.

"Bu senin," dedi hemşire, bilekliği göstererek. "Kaybetmeyin."

Yusuf bileğine baktı. Bileklik beyazdı. Üzerinde siyah çizgiler ve küçük yazılar vardı. Adı vardı ama adı ona ait değilmiş gibiydi. Yazı, Yusuf'tan çok sisteme aitti.

"Bu ne?" diye sordu.

"Bileklik," dedi Gülten. "Seni tanımaları için."

Bu cümle, Yusuf'un kafasını karıştırdı. Tanımak... Evde tanınıyordu. Okulda tanınıyordu. Parkta tanınıyordu. Burada neden tanınmaya ihtiyacı vardı?

Numaraları yanan ekrana baktılar. Bir numara okundu. Başka biri kalktı. Yusuf kendi numarasını ezberlemeye çalıştı. Çünkü burada isimler çağrılmıyordu. Burada ses, sayılara gidiyordu.

Bir süre sonra bir görevli yaklaştı. "Triaj," dedi. Tek kelime. Açıklama yoktu.

Gülten ayağa kalktı. Yusuf da. Süleyman arkalarından yürüdü ama bir noktada durduruldu.

"Baba bekleyebilir," dedi görevli.

Bu cümle, sert değildi. Ama kesindi. Süleyman itiraz etmedi. Çünkü kelimeler öyle söylenmişti ki itiraz edilecek bir boşluk bırakmıyordu.

Triaj odası küçüktü. Hemşire Yusuf'un ateşini ölçtü. Tansiyon aleti kolunu sıktı. Yusuf yüzünü buruşturdu ama ses çıkarmadı.

"Ağrı skoru?" diye sordu hemşire.

Gülten duraksadı. "Nasıl yani?"

"Kaç üzerinden?" diye tekrar etti hemşire.

Bu soru, bir yabancı dil gibiydi. Ağrı, evde anlatılırdı; burada ölçülüyordu. Yusuf annesine baktı.

"Çok değil," dedi. "Ama var."

Hemşire ekrana bir sayı girdi. O sayı, Yusuf'un bedeninin tercümesi oldu.

"Bekleyin," dedi hemşire. "Doktor çağıracak."

Yeniden bekleme. Yeniden sandalyeler. Yeniden zamanın ağırlaşması.

Süleyman Yusuf'un yanına oturdu. Bilekliğe baktı. Barkod, çizgiler, rakamlar... Hepsi sistemin diliydi. İnsanlar bu dilde konuşmuyordu; bu dilde sınıflandırılıyordu.

Yanlarından sedye geçti. Hızlıydı. Üzerinde yatan kişi görünmüyordu; örtülmüştü. Yusuf gözlerini kaçırdı.

"Baba," dedi fısıltıyla. "Burada herkes susuyor."

Süleyman düşündü. "Evet," dedi. "Çünkü herkes bekliyor."

Bu bekleme, evdeki beklemeye benzemiyordu. Evde beklemek geçiciydi. Burada beklemek, bilinmeyene doğruydu.

Bir anons yapıldı. Yusuf'un numarası okundu. Gülten ayağa fırladı. Süleyman da. Ama yine durduruldular.

"Bir kişi," dedi görevli.

Bu cümle, artık tanıdıktı. Refakat, prosedür, triaj... Kelimeler üst üste geliyordu. Aile, sistemle konuşmuyordu; sistem, aileye konuşuyordu.

Ve bu dil, henüz kimsenin ana dili değildi.

Muayene odasının kapısı açıldığında, içeriden çıkan ışık bekleme alanındakinden daha parlaktı. Yusuf gözlerini kısmak zorunda kaldı. Oda küçüktü. Bir sedye, bir masa, duvara asılı bir monitör. Eşyalar azdı ama anlamları ağırdı.

Doktor ayakta duruyordu. Oturmadı. Bu da bir dildi. Ayakta durmak, hızlı olmak demekti. Hızlı olmak, acil servisin doğasıydı.

"Şikâyet?" diye sordu doktor.

Gülten aynı cümleyi bir kez daha kurdu. Leke. Geçmeyen. Bacak. Bazen ağrı. Cümleler evde daha uzun olurdu. Burada kısaldı. Çünkü burada cümleler değil, başlıklar vardı.

Doktor Yusuf'un bacağını açtı. Eldiven giydi. Bastırdı. Bıraktı. Yusuf yine ses çıkarmadı. Doktorun yüzünde bir ifade belirmedi. Ne endişe, ne rahatlama. Sadece değerlendirme.

"Ateş yok," dedi.

"Travma hikâyesi?"

"Hayır," dedi Gülten.

Doktor başını salladı. Bilgisayara bir şeyler yazdı. Klavye sesi, odadaki en net sesti.

"Acil bir durum görünmüyor," dedi sonra.

"Takip edilebilir."

Bu cümle, beklenen bir cümleydi. Ama içindeki "acil değil" kelimesi, Yusuf'un bulunduğu yerle çelişiyordu. Burası acildi ama onların durumu acil değildi. Bu çelişki, sistemin diliydi.

"Peki neden buradayız?" sorusu, Gülten'in içinden geçti ama sormadı. Çünkü burada soruların sırası vardı. Ve onların sırası henüz gelmemişti.

"Bir ortopedi görsün," dedi doktor. "Gerekirse ileri tetkik planlanır."

İleri. Tetkik. Planlanır.

Bu kelimeler, parkta hiç duyulmamış kelimelerdi. Evde de. Okulda da. Kelimeler, Yusuf'un etrafında dolaştı ama ona değmedi. Ama Süleyman'ın zihnine yerleşti. Çünkü bu kelimeler, zamanla büyürdü.

"Bugün olur mu?" diye sordu Süleyman.

Doktor kısa bir an durdu. "Bugün olmaz," dedi. "Randevu."

Bu da yeni bir kelimeydi. Randevu. Beklemekle akraba bir kelime.

Yusuf sedirden indi. Ayakkabılarını giydi. Bilekliğe baktı. Hâlâ oradaydı. Sistem, onu bırakmamıştı.

Koridora çıktıklarında Süleyman bir an durdu. Duvara yaslandı. Gülten bunu fark etti ama bir şey söylemedi. Çünkü herkes, sistemi ilk kez gördüğünde bir yere tutunmak isterdi.

"Baba," dedi Yusuf. "Doktor beni sevmedi mi?"

Bu soru, odada söylenen hiçbir kelimeye benzemiyordu. Ama belki de en gerçek soruydu.

"Sevdi," dedi Süleyman. "Sadece işi öyle."

Yusuf başını salladı. Ama ikna olmamıştı. Çünkü sevgi, onun bildiği dilde bakmakla olurdu. Burada bakışlar, ölçmek içindi.

Ve aile, ilk kez bunu anlamıştı.

Acil servisten çıkarken, Yusuf otomatik kapının önünde bir an durdu. Kapı açıldı ama Yusuf hemen adım atmadı. İçerideki ışık, içerideki sesler ve kelimeler arkasında kaldı; dışarıda ise akşamın daha yumuşak karanlığı vardı. İki dünya arasındaki bu eşik, Yusuf'un zihninde netleşmişti. İçerisi başka bir yerdi. Orası oyunların konuşulmadığı, isimlerin sayıya dönüştüğü, bakışların ölçtüğü bir yerdi.

"Bilekliği çıkarabilir miyim?" diye sordu.

Gülten bilekliğe baktı. "Hayır," dedi. "Bir süre dursun."

Bu "bir süre", evdeki "geçecek" kadar belirsizdi. Ama Yusuf itiraz etmedi. Çünkü artık itiraz edilecek kelimeler, onların dilinde değildi.

Arabaya bindiklerinde Süleyman direksiyona geçti ama hemen çalıştırmadı. Camdan acil servisin tabelasına baktı. Kırmızı harflerle yazılmış "Acil" kelimesi, sanki onların durumunu tanımlamıyordu. Ama orada bulunmuşlardı. Bu, sistemin ilk dokunuşuydu.

"Ne dediler?" diye sordu Süleyman, arabayı çalıştırırken.

"Takip," dedi Gülten. "Randevu."

Bu iki kelime, evdeki eşyalar gibi yerleşti. Masanın üzerine bırakılmış anahtarlar gibi. Şimdilik oradaydılar. Ama her gün görüleceklerdi.

Yusuf arka koltukta sessizdi. Camdan dışarı bakıyordu. Sokak lambaları birer birer yanıyordu. Işıklar geçip gidiyordu. Bu geçip gidiş, Yusuf'u rahatlattı. Hareket, hâlâ vardı. Ama parkta bildiği hareket değildi bu.

"Baba," dedi bir süre sonra. "Ben yanlış bir şey söylemedim, değil mi?"

Bu soru, sistemle tanışmanın çocuk dilindeki ilk sonucuydu. Yusuf, kelimelerin yanlış anlaşılabileceğini sezmişti. Orada söylenen her kelime, bir yere yazılmıştı. Yanlış bir şey söylemek, yanlış bir yere düşmek gibiydi.

"Hayır," dedi Süleyman. "Her şeyi doğru söyledin."

"Doktor neden az konuştu?" diye sordu Yusuf.

Süleyman düşündü. "Çünkü orada herkes hızlı," dedi. "Herkesin zamanı ölçülüyor."

Yusuf bu cevabı düşündü. "Benim zamanım da mı ölçülüyor?" diye sordu.

Bu soru, Süleyman'ın boğazını sıktı. Çünkü cevap vermek istemediği bir soruydu. Ama sessizlik, daha ağır olurdu.

"Biraz," dedi. "Ama biz buradayız."

Eve vardıklarında Yusuf ayakkabılarını çıkardı. Bilekliğe baktı. Evde bilekliğe gerek yoktu. Ama bileklik, eve gelmişti. Sistem, evin kapısından içeri girmişti.

Gülten Yusuf'un bacağını kontrol etti. Leke hâlâ oradaydı. Aynı yerde, aynı renkte. Ama artık yalnız değildi. Yanına kelimeler eklenmişti: triaj, randevu, takip, ortopedi.

Bu kelimeler, evin duvarlarına asılmış görünmez levhalar gibiydi.

Yusuf yatağına gittiğinde bilekliğini çıkarmadı. "Böyle kalsın," dedi. "Unutmayayım."

"Ne unutmayacaksın?" diye sordu Gülten.

Yusuf bir süre düşündü. "Orayı," dedi. "Oradaki dili."

Bu cümleyle birlikte, sistemle tanışma tamamlandı. Acil servis, sadece bir mekân değildi artık. Yeni bir dilin öğretildiği ilk sınıftı.

O dil soğuktu. Kısa cümlelerden oluşuyordu. İnsanları ayırıyordu. Zamanı ölçüyordu.

Ve aile, bu dili henüz konuşamıyordu ama artık duymaya başlamıştı.

Bekleme Saatleri – Zamanın Askıya Alınması

Beklemek, hastanenin en uzun koridoruydu. Duvarlar kısa, kapılar yakındı ama bekleme uzundu. Yusuf bunu ilk yarım saat içinde anladı. Burada yürümek bir yere götürmüyordu. Oturmak da dinlendirmiyordu. Zaman, ilerlemiyor; yayılıyordu.

Koridorun ucundaki plastik sandalyeler yan yana dizilmişti. Hepsi aynıydı. Aynı sertlikte, aynı renkte, aynı soğuklukta. Yusuf sandalyeye oturduğunda bacaklarını sallamak istedi ama sallamadı. Ayakları yere bastı. Yerin sertliğini hissetti. Parkta yer, koşmayı çağırırdı. Burada yer, durmayı emrediyordu.

İlk çağrı gelmiş, bir test yapılmış, sonra tekrar beklemeye dönülmüştü. Bu dönüş, Yusuf'un kafasını karıştırdı. Test bitmişti ama bitmemişti. Çünkü bekleme devam ediyordu. Bir şey yapılmış ama hiçbir şey tamamlanmamıştı.

"Anne," dedi bir süre sonra, sesi kısık. "Şimdi ne olacak?"

Gülten bu sorunun cevabını bilmiyordu. Ama bilmediğini söylemek, Yusuf'un beklemesini zorlaştıracaktı. Beklemek zaten zordu.

"Biraz daha bekleyeceğiz," dedi.

Bu "biraz", artık ölçüsüzdü. Dakika değildi, saat değildi. Bir hâldi.

Koridorda insanlar değişiyordu. Yan sandalyede oturan yaşlı kadın kalktı, yerine genç bir adam oturdu. Bir çocuk ağlayarak geçti, sonra sesi uzaklaştı. Yusuf hepsini fark etti ama hiçbirine dahil olmadı. Çünkü beklemek, izole ederdi. İnsanlar yan yana oturur ama birbirlerine dokunmazdı.

Süleyman saati kontrol etti. Saat ilerliyordu ama Yusuf'un içindeki zaman ilerlemiyordu. İçeride bir yer, askıya alınmıştı. Ne ileri gidiyor ne geri geliyordu.

"Baba," dedi Yusuf. "Biz sıra mı bekliyoruz?"

Süleyman duraksadı. "Evet," dedi. "Biraz."

"Sıra bize ne zaman gelir?"

Bu soru, beklemenin en ağır sorusuydu. Çünkü cevabı yoktu. Sıra, burada görünmeyen bir şeydi. Ne kadar ilerlediği bilinmeyen bir çizgiydi.

Koridorun tavanındaki floresan lambalar hiç değişmiyordu. Ne kararıyor ne aydınlanıyordu. Günün hangi saati olduğu, burada önemini kaybetmişti. Parkta gölge uzadığında akşam gelirdi. Burada gölge yoktu.

Yusuf sırtını sandalyeye yasladı. Gözlerini kapattı. Ama uyumadı. Beklerken uyunmazdı. Uyumak, çağrıyı kaçırmak demekti. Çağrıyı kaçırmak, yok sayılmak gibi geliyordu.

"Beni çağırdıklarında duyar mıyım?" diye sordu.

"Duyarsın," dedi Gülten. "Biz buradayız."

Bu "biz buradayız", artık sadece fiziksel bir varlık değildi. Bir dirençti. Beklemeye karşı sessiz bir tutunmaydı.

Ama Yusuf yavaş yavaş şunu hissediyordu:

Burada beklemek, istemeden kabullenmek demekti. Kontrol artık onlarda değildi. Kapılar kapalıydı. Çağrılar yukarıdan geliyordu.

Zaman askıya alınmıştı. Ve askıda kalan zaman, insanın içini ağırlaştırıyordu.

Beklemenin ikinci saatinde, koridorun sesi değişti. İlk başta gürültü vardı; ayak sesleri, sedyelerin tekerlekleri, kısa konuşmalar. Zaman geçtikçe bu sesler seyrekleşti. Seyrekleştikçe daha belirgin hâle geldi. Sessizlik, sesin yerini almıyordu; seslerin arasına sızıyordu.

Yusuf sandalyede otururken sırtını düzleştirdi. Omuzlarını geri çekti. Parkta yorulduğunda böyle yapardı. Ama burada bu hareket bir rahatlama getirmedi. Bedenini düzeltmek, zamanı düzeltmiyordu. Bekleme, bedenin her pozisyonuna direniyordu.

Koridorun karşısındaki kapı açıldı. İçeriden bir hemşire çıktı. Gülten refleksle ayağa kalktı. Hemşire başka yöne döndü. Kapı kapandı. Gülten tekrar oturdu. Ayağa kalkıp oturmak, burada umudun küçük ritüeliydi. Her kalkışta bir ihtimal, her oturuşta bir hayal kırıklığı vardı.

"Anne," dedi Yusuf, bu kez daha yavaş. "Beni ne zaman çağıracaklar?"

Bu soru, bir önceki sorudan farklıydı. Artık "ne olacak" değil, "ne zaman" soruluyordu. Yusuf, belirsizliği zamana bağlamaya çalışıyordu. Çünkü zaman, kontrol edilebilecek bir şey gibi geliyordu.

"Birazdan," dedi Gülten.

Ama "birazdan" kelimesi burada eriyip gidiyordu. Koridor, kelimeleri yutuyordu. Yusuf bunu fark etti. Kelimelerin gücü azalmıştı. Parkta kelimeler oyunu başlatırdı. Burada kelimeler sadece beklemeyi uzatıyordu.

Süleyman saatin kaç olduğunu sormadı artık. Saatin kaç olduğu, bir anlam taşımıyordu. Beklemenin içinde saat yoktu. Beklemenin içinde sadece çağrı vardı. Ve çağrı, ne zaman geleceğini söylemeyen bir şeydi.

Yan sandalyede oturan bir adam ayağa kalktı, yüksek sesle konuştu. İtiraz etti. Hemşire sakin bir sesle cevap verdi. Adam sustu, oturdu. Yusuf bunu izledi. Parkta bağıran biri oyundan atılırdı. Burada bağıran biri, sadece susturulurdu.

"Baba," dedi Yusuf. "Burada neden kimse gülmüyor?"

Bu soru, koridorun ruhunu yakalıyordu. Gülmek, kontrol demekti. Burada kontrol yoktu. Burada herkes bekliyordu ve bekleyen insanlar gülmezdi.

Süleyman Yusuf'un başını okşadı. "Çünkü herkes bir şey düşünüyor," dedi.

Yusuf bunu kabul eder gibi başını salladı. Sonra tekrar bilekliğine baktı. Bileklik hâlâ oradaydı. Ne gevşemişti ne de sıkmıştı. Ama varlığı, Yusuf'a bir şey hatırlatıyordu: burada herkes işaretliydi.

Beklemenin üçüncü saatine girerken, Yusuf'un gözleri ağırlaştı. Ama uyumadı. Uyumak istemedi. Çünkü çağrının onun yokluğunda gelmesinden korkuyordu. Beklemek, uyanık kalmayı gerektiriyordu.

Zaman askıdaydı. Askıdaki zaman, yere düşmüyordu. Ama omuzlara yük oluyordu.

Ve aile, bu yükü sessizce taşımayı öğreniyordu.

Beklemenin ilerleyen saatlerinde koridor, sessizliğini kalınlaştırdı. Artık yalnızca seslerin azalması değil, insanların da içlerine çekilmesi söz konusuydu. Konuşmalar kısaldı, bakışlar yere indi. Herkes, beklerken başkasının varlığını görmezden gelmenin daha güvenli olduğunu öğrenmişti. Çünkü başkasının acısı, kendi bekleyişini ağırlaştırıyordu.

Yusuf başını annesinin omzuna yasladı. Bu, parkta yaptığı bir hareket değildi. Parkta omuzlar destek değil, itiş noktasıydı. Burada ise omuz, durmak içindi. Yusuf'un bedeni, hareket etmeyi bırakıp tutunmayı öğreniyordu.

"Anne," dedi bir süre sonra. "Biz niye susuyoruz?"

Gülten bu soruyu beklemiyordu. Çünkü susmak, bilinçli bir karar değildi. Beklemenin yan ürünüydü. Konuşmak, zamanı çağırmak gibiydi. Zaman gelmeyince, konuşma da gelmiyordu.

"Bilmiyorum," dedi sonunda. "Belki herkes düşünüyor."

Yusuf bunu düşündü. "Ben de düşünüyorum," dedi. "Ama benim düşündüğüm bitiyor."

Bu cümle, beklemenin çocuk zihnindeki en yalın tarifiydi. Düşünceler bitiyor ama bekleme bitmiyordu. Yusuf bunu ilk kez fark ediyordu.

Süleyman, koridorun camından dışarı baktı. Dışarıda gün kararmıştı. Sokak lambaları yanmıştı. Arabalar geçiyordu. Hayat, dışarıda akıyordu. İçeride ise durmuştu. Bu iki dünya arasındaki fark, Süleyman'ın içini sıkıştırdı. Çünkü içeride kalmak, dışarıdaki hayattan geçici olarak vazgeçmek demekti.

Bir görevli yanlarından geçti. Gülten başını kaldırdı. Görevli durmadı. Gülten başını tekrar indirdi. Bu küçük hareket, umutla hayal kırıklığı arasındaki en kısa mesafeydi.

"Baba," dedi Yusuf. "Eğer kalkarsam çağırırlar mı?"

Bu soru, beklemenin çocukça ama çok mantıklı bir sonucuydu. Oturmak, görünmez olmak gibiydi. Kalkmak, fark edilmek demekti.

"Çağırırlarsa duyarız," dedi Süleyman.

Ama Yusuf bu cevaptan tatmin olmadı. Çünkü burada duyulan şeyler seçilmiyordu. Anonslar karışıktı. İsimler yoktu. Sadece numaralar vardı. Yusuf kendi numarasını hatırlıyordu ama numaraların çağrılması, bir piyango gibiydi.

Koridorun sonunda bir çocuk ağladı. Annesi susturmaya çalıştı. Çocuk susmadı. Yusuf gözlerini kapattı. Ağlamak, beklemenin kurallarına aykırıydı. Ama bazıları kuralları bilmiyordu. Yusuf, ağlamadığı için kendini güçlü hissetti. Ama bu güç, oyundan gelmiyordu. Dayanmaktan geliyordu.

Bekleme, aileyi yavaş yavaş içine kapatıyordu. Gülten artık saat sormuyordu. Süleyman artık kaç test kaldığını düşünmüyordu. Yusuf artık "ne zaman" demiyordu. Çünkü zaman, artık bir ölçü değildi. Bir boşluktu.

Ve o boşlukta, umut vardı. Ama umut, artık ileriye değil; içeriye doğru dönmüştü.

Beklemenin kırılma noktası, bir sesle gelmedi. Ne yüksek bir anons vardı ne de net bir çağrı. Kırılma, fark edilmeden oldu. Zaman, bir anda hızlanmadı; sadece askıda kalmayı bıraktı. Yusuf bunu ilk fark eden oldu.

Sandalyede doğruldu. Gözlerini kapıların olduğu yöne çevirdi. İçeride bir hareket vardı. Belirsiz, ama hissedilir. Koridor, uzun süredir ilk kez yer değiştirmiş gibiydi. Duvarlar aynıydı, kapılar aynıydı ama hava değişmişti.

"Anne," dedi. "Biri geliyor."

Gülten başını kaldırdı. Süleyman da. Gerçekten de bir görevli yürüyordu. Hızlı değil, acele de değil. Ama yönü belliydi. Görevli yaklaştıkça Gülten'in kalbi hızlandı. Çünkü beklemenin en zor anı, bitiş anıydı. Beklerken her şey mümkündü; çağrı geldiğinde ihtimaller daralırdı.

Numara okundu. Yusuf'un numarası.

Bu kez isim yoktu. Ama sayı, Yusuf'un kulağına ad gibi geldi. Çünkü beklemenin içinde sayılar da kişileşirdi. Gülten ayağa kalktı. Süleyman da. Ama yine durduruldular.

"Bir kişi," dedi görevli.

Bu cümle artık şaşırtmıyordu. Alışılmıştı. Alışmak, sistemin en sessiz kazanımıydı. Süleyman durdu. Gülten Yusuf'un elini bıraktı ama gözleriyle bırakmadı. Yusuf yürürken arkasına bakmadı. Çünkü bu kez biliyordu: bakmak beklemeyi uzatırdı.

Koridorun sonunda bir kapı daha vardı. Kapı açıldı. Yusuf içeri girdi. Gülten kapının dışında kaldı. Kapı kapandı.

Bekleme, bu kez ikiye bölündü.

Süleyman ve Gülten yan yana durdu. Konuşmadılar. Çünkü konuşmak, birini eksik bırakmak demekti. İçeride Yusuf vardı. Dışarıda zaman vardı. Hangisinin daha ağır olduğu bilinmiyordu.

Dakikalar geçti. Saat kaçtı, bilinmiyordu. Gülten duvara yaslandı. Süleyman ayakta kaldı. Ayakta kalmak, hazır olmak demekti. Ama neye hazır olduklarını bilmiyorlardı.

Kapı açıldı. Aynı görevli çıktı. Yüzünde bir ifade yoktu. İfade olmayışı, ifadenin kendisiydi.

"Doktor görecek," dedi. "Biraz daha bekleyeceksiniz."

Bu cümle, beklemenin sonu değil; yeni bir katmanıydı. Bekleme, derinleşiyordu.

Yusuf kapıdan çıktı. Yüzü sakindi ama gözleri yorgundu. Gülten hemen yanına gitti. Eğildi. Yusuf'un yüzüne baktı. Aradığı şey ağrı değildi. Korkuydu. Ama Yusuf korkmuyordu. Sadece tükenmişti.

"Bitti mi?" diye sordu Yusuf.

Gülten cevap vermedi. Çünkü bitmek, burada nadiren olurdu. Süleyman diz çöktü.

"Biraz daha," dedi. "Sonra."

Bu "sonra", artık bir yön değil, bir temenniden ibaretti.

Yusuf tekrar sandalyeye oturdu. Bu kez bacaklarını uzattı. Ayaklarını yere bastı. Beklemeyi kabullenmişti. Kabullenmek, kontrolü bırakmak demekti. Kontrol bırakıldığında umut tamamen kaybolmazdı. Ama şekil değiştirirdi.

Umut artık ileride değil, içteydi. Umut artık cevapta değil, dayanabilmekteydi.

Koridor sessizdi. Saatler akıyordu. Ama Yusuf için zaman artık askıda değildi. Zaman, içinden geçiyordu.

Ve aile, ilk kez şunu anladı:

Beklemek, bir boşluk değil; bir sınavdı. Ve bu sınavda, kontrol hiçbir zaman ailede olmayacaktı.

Ama birlikte kalmak, hâlâ onların elindeydi.

Doktorun Cümleleri – "Mevzuat Böyle"

Doktorun odası, bekleme koridorlarından daha küçüktü. Ama ağırlığı daha fazlaydı. İçeride zaman hızlanmıyor, yoğunlaşıyordu. Bir masa, iki sandalye, duvara yaslanmış bir dolap. Dolabın üzerinde dosyalar vardı. Dosyalar, insanlardan daha sessiz ama daha kalıcıydı.

Doktor oturdu. Yusuf karşısındaki sandalyeye yerleşti. Gülten yanında durdu. Süleyman ise kapıya yakın bir yerde kaldı. Oda, bunu doğal kabul etmişti. Kim nereye durursa dursun, düzen bozulmuyordu. Çünkü düzen, insanlara göre kurulmamıştı.

Doktor ekrana baktı. Parmakları klavyede gezindi. Konuşmadan önce uzun bir sessizlik oldu. Bu sessizlik, beklemedeki sessizlikten farklıydı. Burada sessizlik, cümlenin öncesiydi. Bir şey söylenecekti.

"Bazı tetkikler isteyeceğiz," dedi doktor.

Cümle netti. Tonu sakindi. Panik yoktu. Ama rahatlık da yoktu. Yusuf bu tonu tanımıyordu. Ne masal okuyan bir ses gibiydi ne de öğretmenin uyarısı. Bu, açıklama yapan bir sesti. Açıklamalar, itiraz kabul etmezdi.

"Ne zaman?" diye sordu Gülten.

"Bugün başlayabiliriz," dedi doktor. "Ama süreç uzayabilir."

Bu "süreç", Yusuf'un kulağında yankılandı. Süreç, parkta duyulmazdı. Evde de. Süreç, bir şeyin hemen bitmeyeceğini anlatan bir kelimeydi.

"Refakatle ilgili bir konu var," dedi doktor, ekrana bakmayı sürdürerek.

Gülten doğruldu. Süleyman bir adım attı. Yusuf başını kaldırdı. Oda, bu küçük hareketlerle doldu. Çünkü bazı kelimeler, duyulmadan önce bile hissedilirdi.

"Mevzuat gereği," dedi doktor. "Belirli yaş üstünde refakat sınırlı."

Bu cümledeki vurgu, kelimelerde değildi. Düzenindeydi. Mevzuat. Gereği. Sınırlı. Üç kelime, üç duvar gibiydi. Yusuf kelimelerin anlamını bilmiyordu ama tonunu hissetti. Bu, pazarlık olmayan bir tondur.

"Nasıl yani?" diye sordu Gülten.

Doktor başını kaldırdı. İlk kez onlara baktı. Bakışında sertlik yoktu. Ama esneklik de yoktu.

"Belli saatler dışında refakatçi kalamaz," dedi.

"Kurallar böyle."

Bu "böyle", cümlenin en ağır kısmıydı. Açıklama getirmiyordu. Kapıyı kapatıyordu.

Süleyman bir şey söylemek istedi. Söylemedi. Çünkü kelimeler, odada yer bulamıyordu. Oda kelimeleri değil, maddeleri seviyordu.

Yusuf sandalyede kıpırdandı. Ayaklarını yere bastı. İlk kez odada bir çocuk olduğunu hatırlattı.

"Ben yalnız mı kalacağım?" diye sordu.

Doktor bir an durdu. Bu duraklama, cümlenin yerini değiştirmedi ama tonunu yumuşattı.

"Hayır," dedi. "Ama her zaman yanında biri olmayabilir."

Bu "her zaman", Yusuf'un dünyasında büyük bir boşluk açtı. Parkta her zaman biri vardı. Evde de. Burada "her zaman" yoktu. Burada saatler vardı. Kurallar vardı. Mevzuat vardı.

Ve ilk kez aile, sistemin sadece bekleten değil, ayıran bir şey olduğunu hissetti.

Doktorun söylediği cümle odada asılı kaldıktan sonra kimse hemen konuşmadı. Sessizlik, bir önceki bekleme sessizliğine benzemiyordu. Bu sessizlik, cevap bekleyen bir sessizlikti. Ama cevap vermesi gereken kişi belli değildi. Çünkü ortada bir soru yoktu; bir kural vardı.

"Refakat saatleri şu şekilde," dedi doktor, masanın kenarındaki kağıdı çevirerek.

"Gündüz belirli zamanlarda mümkün. Gece sınırlı."

Cümleler kısa, net ve duygusuzdu. Sanki bir insanın yanında kalıp kalamayacağı değil, bir eşyanın depoda durma süresi konuşuluyordu. Gülten bu benzetmeyi zihninden kovmaya çalıştı. Ama kelimelerin soğukluğu, başka bir şeye benzemeyi zorunlu kılıyordu.

"Bu kişisel bir durum değil," diye ekledi doktor. "Herkes için geçerli."

Bu "herkes", Gülten'in içini daha çok sıktı. Çünkü "herkes", kimse demekti. Yusuf'un adı, yüzü, yaşı bu cümlede yoktu. Oda, Yusuf'u görmüyordu; bir yaş aralığını görüyordu.

"Peki," dedi Süleyman, sesini olabildiğince sakin tutarak. "Bu durumda biz ne yapacağız?"

Doktor başını hafifçe yana eğdi. Bu hareket, empati gibi görünüyordu ama empati değildi. Daha çok, prosedürü bilen birinin alışkanlığıydı.

"Planlamayı buna göre yapacağız," dedi. "Zor ama alışılıyor."

Bu "alışılıyor" kelimesi, Süleyman'ın zihninde yankılandı. Alışmak, kabullenmek demekti. Kabullenmek, vazgeçmekle karışıyordu. Süleyman vazgeçmek istemiyordu ama mücadele edecek bir alan da görmüyordu.

Yusuf konuşulanları tam olarak anlamıyordu. Ama ses tonlarını anlıyordu. Annedeki gerginlik, babadaki kontrollü sessizlik, doktorun sakin ama kapalı tavrı... Bunların hepsi bir araya gelince, Yusuf'un içinde bir boşluk oluştu.

"Ben burada kalınca," dedi Yusuf yavaşça, "siz gidecek misiniz?"

Bu soru, odadaki havayı değiştirdi. Doktor bir an durdu. Gülten'in gözleri doldu ama doluluk dışarı taşmadı. Çünkü taşmak, sistemi durdurmazdı.

"Hayır," dedi Gülten hemen.

"Yakında olacağız."

Bu "yakında", parkta kullanılan bir "yakında" değildi. Bu, mesafeli bir yakındı. Aynı binada ama farklı odalarda olmak demekti.

Doktor tekrar ekrana döndü. Yazmaya başladı. Yazı sesi, konuşmayı kapattı. Oda, artık kararın alındığını söylüyordu. Karar tartışılmamıştı ama verilmişti.

"Şimdilik bu kadar," dedi doktor.

"Bilgilendirme yapacağız."

Bilgilendirme... Bu kelime, duygudan arındırılmış bir kelimeydi. Kimseye "nasılsınız" demiyordu. Sadece "şu olacak" diyordu.

O an aile şunu anladı:

Bu sistem, bağırarak değil; cümlelerle ayırıyordu. Ve o cümlelerin en güçlüsü, tek bir ifadeydi:

"Mevzuat böyle."

Doktorun masasından kalkan kağıtlar, odanın içindeki havayı değiştirmedi ama yönünü belirledi. Artık konuşulan şeyler ihtimal değil, planlamaydı. Saatler, çizelgeler, günler... Zaman, ilk kez aileden bağımsız olarak düzenleniyordu. Ve bu düzenleme, kimseye danışılmadan yapılıyordu.

"Refakat saatleri panoda yazılı," dedi doktor. "Girişte görebilirsiniz."

Bu cümle, soruları kapatan bir cümleydi. Panoda yazılı olan şeyler, tartışılmazdı. Çünkü pano, insanın değil sistemin konuştuğu yerdi.

Koridora çıktıklarında Gülten, panoya doğru yürüdü. Kağıtlar iğnelenmişti. Saatler blok blok ayrılmıştı. Gündüz, akşam, gece. Her blok, bir boşluk ve bir sınır çiziyordu. Gülten saatleri okudu ama anlamlandıramadı. Çünkü saatler, Yusuf'u anlatmıyordu. Saatler, binayı anlatıyordu.

"Demek ki," dedi Süleyman alçak sesle, "bazı zamanlar yalnız olacak."

Bu cümle, bir tespit gibiydi ama içinde itiraz vardı. Yüksek sesle söylenmeyen bir itiraz. Çünkü yüksek sesle itiraz etmek, bu ortamda yankılanmazdı. Koridorlar sesi yutardı.

Yusuf panoya baktı. Renkli çizgiler, oklar, saatler... Bunların hiçbiri ona bir şey söylemiyordu. Ama yüzlere baktı. Annesinin yüzü gergindi. Babasının yüzü kontrollüydü. Yusuf, anlamadığı bir şeyin önemli olduğunu buradan anladı.

"Ben uyurken de mi?" diye sordu.

Gülten cevap vermek istemedi. Süleyman cevap verdi. "Bazen."

Bu "bazen", belirsizdi ama dürüsttü. Yusuf başını salladı. Çocuklar, dürüstlüğü severdi. Ama belirsizliği sevmezdi. Bu belirsizlik, Yusuf'un içine yerleşti.

Koridordan geçerken bir hemşireyle göz göze geldiler. Hemşire kısa bir gülümseme verdi. Gülümseme samimiydi ama sınırlıydı. O gülümseme, "sizi anlıyorum" demiyordu. "Ben buradayım" diyordu. Bu fark, Gülten'in içini acıttı.

"Kimse kötü değil," dedi Gülten fısıltıyla. "Kimse bize kızmıyor."

Süleyman başını salladı. "Evet," dedi. "Ama kimse bize alan da açmıyor."

Bu cümle, sistemle ilk gerçek çatışmaydı. Açık bir kavga yoktu. Ses yükselmemişti. Ama bir sınır hissedilmişti. Ve o sınır, duyguyla değil, kuralla çizilmişti.

Yusuf tekrar bilekliğine baktı. Bileklik, panodaki çizgilerle aynı dili konuşuyordu. Saatler, barkodlar, çizelgeler... Hepsi bir düzenin parçasıydı. O düzenin içinde Yusuf vardı ama Yusuf için değildi.

"Baba," dedi. "Burada herkes aynı mı?"

Süleyman düşündü. "Kurallar için evet," dedi. "İnsanlar için hayır."

Bu cevap, Yusuf'un kafasını daha da karıştırdı. Çünkü Yusuf için kural ve insan aynı şeydi. Parkta kural, insanlara göre değişirdi. Burada insanlar, kurala göre şekilleniyordu.

Ve aile, ilk kez şunu fark etti:

Bu sistem, kötülükle değil; eşitlikle sertti.

Koridordan ayrılıp asansöre doğru yürürlerken, doktorun odasında söylenen cümleler Gülten'in zihninde tekrar tekrar yankılandı. Kelimeler değişmiyordu ama anlamları ağırlaşıyordu. "Refakat sınırlı." "Kurallar böyle." "Mevzuat gereği." Bu cümlelerin hiçbiri Yusuf'un adını içermiyordu. Hiçbiri "çocuk" demiyordu. Hepsi, daha büyük bir düzenin parçasıydı.

Asansör kapısı kapandığında Yusuf duvara yaslandı. Camlı kapıdan koridoru izledi. Kapı kapanırken, içeride kalanların yüzleri bir anlığına kayboldu. Bu kayboluş, Yusuf'un içine oturdu. Çünkü kaybolmak, burada olağan bir şeydi. İnsanlar odalara giriyor, kapılar kapanıyor, sonra kim olduğu bilinmeyen sesler çıkıyordu.

"Anne," dedi Yusuf, alçak bir sesle.

"Bu kurallar hep mi var?"

Gülten bu soruya hemen cevap veremedi. Çünkü "hep" kelimesi, burada ağırdı. Hep demek, bir istisnanın olmayışı demekti.

"Bilmiyorum," dedi sonunda. "Ama uzun zamandır var."

Yusuf başını salladı. Uzun zaman, çocuklar için soyut bir kavramdı. Ama Yusuf, bu soyutluğun ağırlığını hissetti. Parkta kurallar değişirdi. Evde değişirdi. Okulda bile değişirdi. Ama burada değişmeyen bir şey vardı.

Otele döndüklerinde odanın sessizliği hastaneninkinden farklıydı. Sessizlik yumuşaktı ama huzurlu değildi. Gülten perdeleri çekti. Süleyman yatağın kenarına oturdu. Yusuf valizden pijamasını çıkardı. Günlük hareketler yapılmıştı ama hiçbir şey "normal" değildi.

"Ben yarın da yalnız kalacak mıyım?" diye sordu Yusuf.

Bu soru, henüz kriz olmayan bir gecenin içindeki en keskin soruydu. Çünkü cevabı bilinmiyordu. Bilinmeyen cevaplar, çocuğun dünyasında en büyük boşlukları açardı.

"Hayır," dedi Gülten, hızlıca. "Yalnız değilsin."

Ama bu cevap, doktorun cümleleriyle çarpışıyordu. Gülten bunu fark etti. Süleyman da. Ama ikisi de bu çarpışmayı Yusuf'un önünde görünür kılmak istemedi.

Gece ilerledikçe Gülten uyanık kaldı. Süleyman da. Yusuf uyudu ama uykusu derin değildi. Arada bir kıpırdadı. Bilekliğini kontrol etti. Bileklik, hâlâ oradaydı. Mevzuat, uykuda da çıkmıyordu.

Gülten içinden geçirdi:

Kimse kötü değildi. Kimse bağırmamıştı. Kimse "hayır" dememişti.

Ama yine de bir şeyler eksikti. Eksik olan, esneklikti. Sistem, eğilmiyordu. Çünkü eğilmek, adaletsizlik sayılıyordu. Oysa bazen adalet, aynı davranmamak demekti.

Sabah olduğunda Yusuf gözlerini açtı. Tavana baktı. Sonra annesine döndü.

"Bugün de mevzuat mı?" diye sordu.

Bu kelimeyi doğru telaffuz edemedi ama söyledi. Çünkü kelime, artık onun diline girmişti. Parktan değil, doktordan öğrenilmiş bir kelimeydi bu.

Gülten gülümsedi. Ama gülümsemesi tam değildi. Çünkü o an anladı:

Sistemle tanışma bitmişti. Şimdi sistemle yaşama başlamışlardı.

Henüz kriz yoktu. Henüz yüksek ses yoktu. Henüz gözyaşı yoktu.

Ama katılık hissedilmişti. Ve katılık bir kez hissedildiğinde, bir daha unutulmazdı.

Ambulans – Fiziksel ve Ruhsal Kopuş

Ambulansın kapısı kapandığında çıkan ses, Yusuf'un zihninde bir süre yankılandı. Metalin metale değmesi gibi değildi bu. Daha çok, bir şeyin geride bırakıldığına dair tok bir işaretti. Kapı kapanmıştı ve Sakarya, o sesle birlikte dışarıda kalmıştı.

Ambulansın içi dardı. Tavan alçak, ışıklar sabitti. Yusuf sedyeye uzandığında ayaklarını uzatacak yer buldu ama rahat edemedi. Çünkü rahatlık, mekânla ilgili değil, durumla ilgiliydi. Burada rahat edilecek bir durum yoktu. Hareket vardı ama kontrol yoktu.

"İstanbul'a gidiyoruz," dedi sağlık görevlilerinden biri.

Bu cümle, bir bilgi vermek için söylenmişti. Ama Yusuf için bir yer değiştirmeden fazlasını ifade ediyordu. İstanbul, onun dünyasında bir şehir değil; uzaktı. Parktan uzak, evden uzak, bildiği her şeyden uzaktı.

Gülten, Yusuf'un başucunda oturdu. Elini tuttu. Süleyman ambulansın yan kapısından içeri girdiğinde bir an durdu. Kapının hemen yanında ayakta kaldı. Oturmadı. Ayakta durmak, hazır olmak demekti. Süleyman hazır olması gereken şeyi bilmiyordu ama yine de ayakta durdu.

Ambulans hareket ettiğinde Yusuf'un midesi hafifçe sıkıştı. Hareket, parkta olduğu gibi değildi. Parkta hareket eğlenceydi. Burada hareket, taşınmaktı. Bir yerden alınıp başka bir yere konulmaktı.

"Baba," dedi Yusuf. "Biz neden araba ile gitmiyoruz?"

Bu soru, Yusuf'un dünyasında hâlâ bir seçim olabileceğine dair küçük bir umuttu. Seçim, kontrol demekti.

"Daha hızlı," dedi Süleyman. "Daha güvenli."

Bu cevap, doğruydu ama eksikti. Çünkü hız ve güvenlik, başka şeyleri de beraberinde getirirdi: kopuşu.

Ambulans siren çalmıyordu. Sessiz ilerliyordu. Bu sessizlik, durumu daha da tuhaf kılıyordu. Ne acil bir telaş vardı ne de sıradan bir yolculuk. Arada bir telsizden sesler geliyordu. Kısa, net, duygusuz.

Süleyman cebinden telefonunu çıkardı. İlk aradığı numara belliydi. İstanbul'daki tanıdıklar. Hastaneler. Doktor isimleri. Telefon çalarken içinden şu cümle geçti:

"Bir şey yapmalı mıyız?"

Bu soru, ilk kez bu kadar netti. Daha önce beklemişlerdi, dinlemişlerdi, uyum sağlamışlardı. Şimdi ise hareket hâlindeydiler. Hareket, soru doğuruyordu. Beklemek suskunluktu. Gitmek, karar demekti.

Telefon açıldı. Süleyman kısa cümlelerle durumu anlattı. Leke. Ağrı. Tetkikler. Sevk. İstanbul.

Karşıdaki ses "tamam" dedi. "Bir bakarız." "Bir sorayım."

Bu "bir", Süleyman'ın sinirini yatıştırmadı. Çünkü artık "bir"ler yetmiyordu. Ambulans ilerliyordu. Mesafe kapanıyordu. Ama belirsizlik kapanmıyordu.

Yusuf gözlerini kapattı. Ambulansın tavanına yansıyan ışıkları izledi. Işıklar geçiyordu. Sakarya geride kalıyordu. Yusuf, bunu bedeniyle hissediyordu. Yer değiştirmenin ağırlığını. Bir şeyin artık eskisi gibi olmayacağını.

Gülten sessizdi. Sessizlik, onun savunmasıydı. Konuşursa dağılacağını biliyordu. Elini Yusuf'un elinden çekmedi. El, hâlâ oradaydı. Bu, kopuşun tam olmadığını gösteren tek şeydi.

Ambulans İstanbul'a doğru ilerlerken, Süleyman bir kez daha telefonuna baktı. Yeni bir numara aradı. Sonra bir tane daha.

İlk kez şunu düşündü:

Yalnızca beklemek yetmiyor. Yalnızca uymak yetmiyor.

Ve bu düşünce, yolculuk kadar uzun bir sürecin başlangıcıydı.

Ambulans Sakarya'dan uzaklaştıkça, yol düzleşti ama Süleyman'ın içi daraldı. Camdan görünen manzara tanıdık olmaktan çıkıyor, yerini tabelalara, numaralara, kavşak isimlerine bırakıyordu. Sakarya'nın sessizliği geride kalmıştı. Artık her kilometre, bilinmeyene atılmış bir adımdı.

Süleyman telefonunu tekrar eline aldı. Rehberdeki isimler birer birer ekrana geldi. Eski arkadaşlar, uzaktan tanıdıklar, bir hastanede çalıştığı söylenen bir akraba... Aradığı herkes aynı cümleyle başlıyordu:

"Geçmiş olsun."

Bu cümle, iyi niyetliydi ama işlevsizdi. Süleyman artık iyi dilekten fazlasını istiyordu. Bilgi istiyordu. Yol gösterecek bir ses, net bir öneri, "şuraya gidin" diyen bir cümle.

"Şu an ambulanstayız," dedi birine. "İstanbul'a sevk ediliyoruz."

Karşıdan gelen ses bir an durdu. Bu duraklama, Süleyman'ın kalp atışını hızlandırdı. Çünkü insanlar, bilmedikleri şeyleri düşünürken duraklardı.

"İstanbul büyük," dedi ses. "Ama iyi doktorlar var."

İyi doktorlar... Süleyman bu ifadeyi zihninde tarttı. İyi, neye göre iyiydi? Kime göre? Şu anda iyilik, hız demekti. Doğru yere ulaşmak demekti. Yanlış bir kapının önünde beklememek demekti.

Ambulansın içindeki monitörlerin bip sesleri düzenliydi. Bu düzen, Yusuf'un nefesinin de düzenli olduğunu gösteriyordu. Ama düzenli olmak, sorunsuz olmak demek değildi. Süleyman bunu biliyordu. Çünkü sistem de düzenliydi ama katıydı.

Gülten başını Yusuf'a doğru eğdi. Yusuf gözlerini açtı. Ambulansın tavanına baktı. Sonra annesine.

"Anne," dedi. "Biz geri dönecek miyiz?"

Bu soru, bir yer sorusu değildi. Bir hâl sorusuydu. Gülten bunu anladı. Ama cevabı yoktu.

"Evet," dedi yine de. "Döneceğiz."

Bu cevap, bir söz vermekten çok bir tutunmaydı. Yusuf başını salladı. Ama içi rahatlamadı. Çünkü ambulans ilerliyordu. İleri gitmek, geri dönmeyi zorlaştırıyordu.

Süleyman yeni bir numara çevirdi. Bu kez bir hastane santralini. Kısa bir konuşma. "Evet." "Hayır." "Bakılır."

Telefon kapandı.

Süleyman ilk kez açıkça düşündü:

Ya yanlış yere gidiyorsak? Ya bu yol, doğru yol değilse?

Bu düşünce, onu suçlulukla da tanıştırdı. Karar vermek, sorumluluk demekti. Sorumluluk, pişmanlık ihtimalini de içinde taşırdı.

Ambulans İstanbul tabelasını geçtiğinde, şehir kendini hissettirmeye başladı. Trafik yoğunlaştı. Sesler arttı. Süleyman camdan baktı. Binalar yükseliyordu. İnsanlar çoğalıyordu. Ama bu kalabalığın içinde kendini daha yalnız hissetti.

Yusuf tekrar gözlerini kapattı. Uykuya dalmadı. Sadece kapattı. Çünkü gözleri kapalıyken yol daha kısa geliyordu. Gülten bunu fark etti. Elini biraz daha sıktı.

Ambulans ilerlerken, fiziksel kopuş tamamlanıyordu. Sakarya artık arkadaydı. Ama asıl kopuş, içerideydi. Süleyman artık sadece bekleyen bir baba değildi. Arayan, sorgulayan, "bir şey yapmalı mıyız?" diyen birine dönüşüyordu.

Ve bu dönüşüm, yol kadar uzun bir sürecin başlangıcıydı.

İstanbul'a yaklaştıkça ambulansın içindeki hava değişti. Telsiz konuşmaları sıklaştı. Kısa, kesik cümleler havada asılı kalıyor, sonra yerini sessizliğe bırakıyordu. Süleyman bu cümleleri dinledi ama tam olarak anlamadı. Anlamadığı şeyler, içini daha çok daraltıyordu. Çünkü insan, bilmediği bir dilde konuşulanları tehdit gibi algılardı.

Camdan dışarı baktığında yol artık tek bir şerit gibi görünmüyordu. Kavşaklar, tabelalar, üst geçitler... Hepsi üst üste biniyordu. Sakarya'nın sade yolları geride kalmıştı. İstanbul karmaşıktı. Karmaşıklık, doğru karar vermeyi zorlaştırırdı.

Süleyman telefonunu tekrar eline aldı. Bu kez aradığı numaralar cevap vermedi. Çalan telefonlar açılmıyordu. Meşgul sesi, bekleme tonundan daha sertti. Beklemek pasifti; meşgul olmak, dışlanmışlık hissi yaratıyordu.

"Birine ulaşmamız lazım," diye mırıldandı kendi kendine.

Gülten bunu duydu ama cevap vermedi. Çünkü cevap vermek için önce sakin olmak gerekiyordu. Gülten sakinliğini sessizlikle koruyordu. Konuşursa, kelimelerin kontrolünden çıkacağını hissediyordu.

Yusuf gözlerini açtı. Ambulansın yan camından geçen binalara baktı. Pencereler birbirine benziyordu. Balkonlar, perdeler, ışıklar... Hepsi birbirinin aynısı gibiydi. Yusuf bir an için, bu şehirde kaybolmanın ne kadar kolay olacağını düşündü.

"Baba," dedi. "Burası neden bu kadar kalabalık?"

Süleyman düşündü. "Çünkü herkes burada," dedi.

"Biz de mi?" diye sordu Yusuf.

Bu soru, Süleyman'ı durdurdu. Çünkü cevap "evet"ti ama bu evet, geçici bir evetti. Yusuf'un dünyasında "burada olmak" kalıcı olmak demekti.

"Şimdilik," dedi Süleyman.

Bu kelime, Yusuf'un hoşuna gitmedi. Şimdilik, parkta kullanılan bir kelime değildi. Şimdilik, beklemenin kelimesiydi.

Ambulans bir an yavaşladı. Trafik sıkışmıştı. Siren hâlâ çalmıyordu. Bu sessiz ilerleyiş, Süleyman'ı rahatsız etti. Sessiz olmak, acil olmamak demekti. Ama acil olmamak, önemli olmamak anlamına mı geliyordu?

Bu düşünce, onu korkuttu.

"Bir şey mi var?" diye sordu sağlık görevlisine.

"Yok," dedi görevli. "Normal."

Bu "normal", Süleyman'ın zihninde boşlukta kaldı. Normal neydi artık? Park mı? Hastane mi? Ambulans mı? Normal, yerini sürekli değiştiriyordu.

Telefon bir kez daha çaldı. Bu kez Süleyman'ın aradığı numaralardan biri geri dönmüştü. Kısa bir konuşma oldu. Hastane adı söylendi. Bir doktor ismi. "Yoğun." "Bekleyin." "Gelince bakarız."

Telefon kapandı. Süleyman'ın elindeki cihaz, bir an için ağırlaştı. Sanki telefon değil de, sorumluluk tutuyordu.

İçinden şu soru geçti:

Doğru yere mi gidiyoruz? Yoksa sadece gidiyor muyuz?

Bu ayrım, Süleyman'ı ilk kez gerçekten sarstı. Çünkü "gitmek" ile "doğru yere gitmek" aynı şey değildi. Ambulans gidiyordu. Ama doğru yolda olup olmadıklarını kimse bilmiyordu.

Yusuf tekrar gözlerini kapattı. Bu kez uykuya daldı. Uyku, onun savunmasıydı. Gülten oğlunun yüzüne baktı. Uyurken yüzü yumuşuyordu. Bu yumuşaklık, Gülten'e güç verdi. Çünkü Yusuf uyuyorsa, hâlâ çocuktu. Ambulans, sistem, şehir... Hiçbiri bunu elinden alamamıştı.

Ama Süleyman için kopuş derinleşiyordu. Çünkü o, artık sadece babalık yapmıyordu. Aynı zamanda yön bulmaya çalışıyordu. Ve yön bulmak, bir insanın en yalnız kaldığı hâllerden biriydi.

Ambulans hastanenin önünde durduğunda, motorun sesi bir süre daha kulaklarda kaldı. Sonra kapandı. Bu sessizlik, yol boyunca duyulan en ağır sessizlikti. Çünkü hareket bitmişti. Yol tamamlanmıştı. Ama belirsizlik bitmemişti. Hatta tam tersine, artık yerleşeceği bir zemin bulmuştu.

Kapı açıldı. Soğuk hava içeri doldu. İstanbul'un havası Sakarya'dan farklıydı; daha ağır, daha kalabalık, daha aceleciydi. Yusuf gözlerini açtı. Tavanı değil, bu kez etrafı gördü. Yüksek binalar, parlak ışıklar, üniformalı insanlar. Ambulansın dışı, içinden daha yabancıydı.

Sedyeyi dışarı çıkardıklarında Yusuf istemsizce annesinin elini sıktı. Bu refleks, parkta değil; düşerken olurdu. Gülten elini bırakmadı. Bırakmak, kopuşu tamamlamak olurdu. Henüz buna hazır değildi.

"Buradayız," dedi Gülten. Ama "burada" kelimesi, bir yer tarifinden çok bir teselliydi.

Süleyman ambulansın arkasından indi. Ayakları yere bastığında bir an durdu. İstanbul'a gelmişti. Ama geldiği yer bir şehir değildi. Bir eşikti. Geri dönüşü olmayan bir eşik.

Görevliler hızlıydı. İsimler söylendi. Dosyalar uzatıldı. Tekerlekler döndü. Yusuf, bir koridordan diğerine taşındı. Ambulansın içindeki dar alan, yerini daha geniş ama daha karmaşık bir mekâna bıraktı. Ama bu genişlik ferahlık getirmedi. Çünkü burada da kontrol başkalarındaydı.

Süleyman cebinden telefonunu çıkardı ama aramadı. Arayacak kimi kalmadığını hissetti. Artık "birini bulmak" değil, "bir yere bırakmak" aşamasındaydılar. Yusuf, sistemin içine teslim ediliyordu. Bu teslimiyet, Süleyman'ın içinde sert bir boşluk açtı.

Bir şey yapmalı mıydık? Daha önce mi gelmeliydik? Başka bir yer mi seçmeliydik?

Bu sorular, artık cevapsız kalmaya mahkûmdu. Çünkü yol bitmişti. Yol bittikten sonra sorular, sadece insanın kendini yormasına yarardı.

Yusuf'u başka bir sedyeye aldılar. Bu aktarım, sessizce yapıldı. Ama Yusuf için bu an, bir kopuştu. Ambulans sedyesi, yolculuğu temsil ediyordu. Yeni sedye ise kalışı.

"Anne," dedi Yusuf, sesi inceydi.

"Ambulans gitti mi?"

"Evet," dedi Gülten.

"Biz de gidecek miyiz?"

Bu soru, Gülten'in boğazında düğümlendi. Çünkü cevap artık net değildi. Gitmek, burada farklı bir anlama geliyordu.

"Buradayız," dedi tekrar. Ama bu kez sesi daha zayıftı.

Süleyman oğluna baktı. Yusuf yorgundu ama korkmuyordu. Bu, Süleyman'ın içini acıttı. Çünkü korku, çocuğu çocuk yapardı. Yusuf ise sessizce uyum sağlıyordu. Bu uyum, gereğinden erken bir olgunluktu.

Bir doktor yaklaştı. Kısa cümleler. Hızlı talimatlar. Yusuf'u başka bir odaya aldılar. Kapı kapandı. Bu kapı, ambulans kapısından farklıydı. Ambulans kapısı yolculuğu kapatmıştı. Bu kapı ise belirsizliği başlatıyordu.

Süleyman ve Gülten kapının önünde kaldı. Yan yana ama yalnız. İlk kez aynı anda aynı yerde olmalarına rağmen, hiçbir şey paylaşamıyorlardı. Çünkü içeride olan şey, dışarıya taşmıyordu.

Süleyman içinden net bir cümle geçirdi:

Artık sadece bekleyen değilim. Artık arayan değilim. Artık bir şey yapmaya mecburum.

Bu mecburiyet, henüz bir eylem değildi. Ama yönü değiştiren bir düşünceydi. Sakarya'dan başlayan yol, İstanbul'da bitmemişti. Sadece başka bir aşamaya geçmişti.

Ambulans gitmişti. Yol tamamlanmıştı. Ama kopuş, tam da burada başlamıştı.

İstanbul'un Işıkları – Küçük İnsanlar, Büyük Sistem

İstanbul'un ışıkları, gecenin karanlığını delip geçiyordu. Ambulans yolculuğundan sonra hastanenin önünde durduklarında, Yusuf ilk kez bu ışıkları fark etti. Park lambaları gibi değildi bunlar. Park lambaları belli aralıklarla yanar, sonra karanlığa izin verirdi. İstanbul'un ışıkları ise karanlığa izin vermiyordu. Sürekli yanıyor, sürekli hatırlatıyordu: burada durmak yoktu.

Hastanenin önünde insanlar vardı. Girenler, çıkanlar, sigara içenler, telefonla konuşanlar... Kimse kimseye bakmıyordu. Herkes kendi yönüne, kendi işine bakıyordu. Yusuf bu kalabalığın ortasında kendini küçük hissetti. Sakarya'da hastaneye girildiğinde tanıdık bir yüz çıkardı karşılarına. Burada yüzler akıyordu. Hiçbiri tutulamıyordu.

"Anne," dedi fısıltıyla. "Bunlar bizi tanıyor mu?"

Gülten başını salladı. "Hayır."

Bu "hayır", Yusuf'un dünyasında yeni bir şeydi. Evde tanınırlardı. Okulda tanınırlardı. Parkta bile tanınırlardı. Burada tanınmamak, görünmez olmak demekti. Ve görünmez olmak, hem güvenli hem de ürkütücüydü.

İçeri girdiklerinde ışıklar daha da arttı. Koridorlar genişti ama ferah değildi. Genişlik, burada rahatlık değil; mesafe yaratıyordu. Süleyman yürürken adımlarını hızlandırmak istedi ama nereye gideceğini bilmiyordu. Büyük yerlerde hızlanmak, kaybolmayı artırırdı.

Danışma masasının önünde durdular. Bir görevli başını kaldırdı, kısa bir bakış attı. Yusuf'un yüzüne değil, bilekliğine baktı. Barkodu okudu. Bilgisayara bir şeyler yazdı.

"Bekleyin," dedi.

Bu cümle, Sakarya'da da söylenmişti. Ama burada farklıydı. Burada "bekleyin" demek, bir yere bağlanmamak demekti. Nereye bekleyeceklerini kimse söylemedi. Bekleme, mekânsızdı.

Süleyman etrafına baktı. Aynı bekleyişi yaşayan onlarca insan vardı. Kimi sessizdi, kimi konuşuyordu. Ama hepsinin ortak bir özelliği vardı: hepsi küçüktü. İstanbul'un içinde herkes küçüktü. Sistem büyüktü.

Gülten Yusuf'u yanına çekti. Omzunu sardı. Bu, kalabalığın içinde yapılan bir savunma hareketiydi. Küçük bir alan yaratmak, büyük alanın tehdidini azaltmak için.

"Baba," dedi Yusuf. "Biz burada önemli miyiz?"

Bu soru, İstanbul'un kalabalığında kaybolan bir çocuğun değil; sistemle ilk kez yüz yüze gelen bir ailenin sorusuydu. Süleyman cevap vermeden önce düşündü. Çünkü cevap basit değildi.

"Biz kendimiz için önemliyiz," dedi. "Burada herkes kendisi için önemli."

Bu cevap doğruydu ama eksikti. Çünkü sistem için önem, kişisel değildi. Sistem için önem, sırayla ve kurallarla belirlenirdi.

Işıklar yanıyordu. İnsanlar geçiyordu. Dosyalar taşınıyordu. Yusuf, bir an için kendini bir akışın içinde hissetti. Bu akış, onun yönettiği bir akış değildi. O sadece içindeydi.

Ve ilk kez şunu hissetti:

Hikâye artık sadece onların hikâyesi değildi. Bu hikâye, büyük bir düzenin içinde eriyordu.

İstanbul'un iç ritmi, hastanenin duvarlarının içine kadar sızmıştı. Koridorlarda yürüyen insanların adımlarında bir acele vardı ama bu acele kişisel değildi. Kimse bir yere yetişmiyordu; herkes bir akışa uyuyordu. Yusuf bunu fark ettiğinde ürperdi. Sakarya'da acele, bir ihtiyaca bağlıydı. Burada acele, kuraldı.

Danışma masasının önünde beklerken, Yusuf çevresindeki insanları izledi. Farklı yaşlar, farklı yüzler, farklı diller... Ama hepsinin bileğinde aynı türden bileklik vardı. Aynı renk, aynı yazı, aynı barkod. Bileklikler, insanların hikâyelerini tek bir biçime sokuyordu. Yusuf, bilekliğine baktı. Kendi adı oradaydı ama adı, burada bir ayırt edici değildi. Sadece bir giriş anahtarıydı.

Gülten, oğlunun yüzüne baktı. Gözleri açık ama derin değildi. İstanbul'un ışıkları, Yusuf'un gözlerini yoruyordu. Işıklar çoktu ama yön göstermiyordu. Aydınlatıyordu ama anlam katmıyordu. Bu, Gülten'in içini sıktı. Çünkü anne olmak, çocuğa yön göstermek demekti. Burada yön, ışıkla gelmiyordu.

"Biraz oturalım," dedi Süleyman.

Oturdular. Sandalyeler sertti. Uzun süre oturmak için yapılmamıştı. Ama İstanbul, kimseyi rahat ettirmek zorunda değildi. Rahatlık, küçük yerlerin lüksüydü. Büyük yerlerde insanlar uyum sağlamayı öğrenirdi.

Yanlarından bir sedye geçti. Ardından bir diğeri. Sedyelerin üzerindeki insanlar, Yusuf'un dikkatini çekti. Hepsi sessizdi. Sessizlik, burada bir uyum işaretiydi. Bağırmak, ağlamak, itiraz etmek... Bunlar dikkat çekerdi. Dikkat çekmek, sistemin hızını keserdi. Sistem hızını sevmezdi; sürekliliği severdi.

"Anne," dedi Yusuf. "Biz de böyle mi olacağız?"

Bu soru, korkudan değil, gözlemden doğmuştu. Yusuf, etrafındaki dünyayı anlamaya çalışıyordu. Gülten cevap vermekte zorlandı. Çünkü "hayır" demek için bir sebebi yoktu.

"Biz kendimiz gibi olacağız," dedi sonunda. "Başka kimse gibi değil."

Ama bu cümle, İstanbul'un içinde zayıf kalıyordu. Çünkü burada "kendin gibi olmak", görünmez kalmak demekti. Kimse kimseye "sen kimsin?" diye sormuyordu. Sistem, kim olduğunla değil, nerede durduğunla ilgileniyordu.

Süleyman cep telefonunu cebine koydu. Artık aramıyordu. Çünkü aramak, bir muhatap gerektirirdi. Burada muhatap yoktu. Danışma masası vardı, panolar vardı, anonslar vardı. İnsan sesi, ancak gerektiğinde çıkıyordu.

Bir anons yapıldı. Başka bir numara okundu. Yusuf irkildi. Kendi numarasını duymadı ama yine de irkildi. Çünkü anonslar, insanın içini harekete geçiriyordu. Bir çağrı, herkes için potansiyeldi.

"Baba," dedi.

"Bizi çağırdıklarında herkes duyacak mı?"

"Evet," dedi Süleyman.

Bu cevap, Yusuf'u rahatsız etti. Parkta biri seslendiğinde, o ses ona aitti. Burada ses, herkese aitti. Ve herkesin duyduğu bir şey, kimseye ait değildi.

İstanbul'un ışıkları, camlardan içeri sızıyor, duvarlarda yansıyordu. Yusuf bir an için, bu ışıkların hiç sönmediğini düşündü. Sürekli yanan ışıklar, insanı görünür kılmıyordu; aksine silikleştiriyordu. Çünkü her şey aydınlıkken, hiçbir şey öne çıkmıyordu.

Ve aile, yavaş yavaş şunu hissetmeye başladı:

Burada birey olmak bir ayrıcalık değildi. Burada birey olmak, bir istisnaydı.

Saat ilerledikçe hastanenin ritmi değişmedi. Değişen tek şey, ailenin bu ritme bakışıydı. İlk saatlerde her anons, her adım, her kapı açılışı dikkatle izlenmişti. Şimdi ise aynı sesler arka plana düşüyordu. İnsan, sürekli maruz kaldığı şeyleri duymamayı öğrenirdi. İstanbul bunu iyi öğretiyordu.

Yusuf sandalyede otururken ayaklarını ileri uzattı. Parkta uzatılan ayaklar, oyunun bitmek üzere olduğunu haber verirdi. Burada ise uzatılan ayaklar, beklemenin kabul edildiğini gösteriyordu. Yusuf artık beklemeye direnmeye çalışmıyordu. Direnmek yorucuydu. İstanbul, yorulanı severdi.

Gülten çantasından küçük bir mendil çıkardı. Yusuf'un yüzünü sildi. Bu küçük hareket, kalabalığın içinde yapılan bir hatırlatmaydı: "Sen hâlâ benim çocuğumsun." Ama bu hatırlatma, sadece kendi aralarında geçerliydi. Sistem, bu işareti okumuyordu.

Yanlarından geçen insanlar artık ayırt edilemiyordu. Kim hasta, kim refakatçi, kim çalışan... Roller birbirine karışıyordu. Büyük yerlerde roller bulanıklaşırdı. Çünkü sistem, bireyleri değil işlevleri görürdü. Birinin hasta olması, bir başkasının refakatçi olması; bunlar sadece geçici etiketlerdi.

"Anne," dedi Yusuf bir süre sonra. "Biz ne zaman ev gibi olacağız?"

Bu soru, İstanbul'un en zor sorularından biriydi. Ev gibi olmak, kişisel olmak demekti. Burada kişisel olan şeyler hızla törpüleniyordu. Gülten cevap verirken kelimeleri tarttı.

"Burada da ev gibi olmaya çalışacağız," dedi.

Bu "çalışacağız" kelimesi, durumu özetliyordu. Ev olmak artık doğal bir hâl değil, bir çabaydı.

Süleyman koridorun camından dışarı baktı. Şehir, geceye rağmen canlıydı. Işıklar yanıyor, arabalar akıyordu. Kimse durmuyordu. Kimse bir başkasının hikâyesine bakmıyordu. Bu kayıtsızlık, Süleyman'ı ikiye böldü. Bir yanı bu kayıtsızlıktan rahatsızdı. Diğer yanı ise bunu bir güvenlik duvarı gibi görüyordu.

Çünkü herkesin kendi işine baktığı yerde, kimse kimseyi yargılamazdı.

"Baba," dedi Yusuf, "Burada herkes aynı mı?"

Süleyman bu soruyu artık tanıyordu. Daha önce de sormuştu. Ama bu kez soru farklıydı. Bu kez bir merak değil, bir kabulleniş vardı.

"Dışarıdan bakınca evet," dedi. "İçeriden bakınca hayır."

Yusuf başını salladı. Ama içerden bakmayı henüz bilmiyordu. O, dışarıdan bakıyordu. Ve dışarıdan bakınca herkes aynı görünüyordu. Aynı sandalyeler, aynı bileklikler, aynı bekleyiş.

Bir anons daha yapıldı. Başka bir numara. Yusuf bu kez irkilmedi. Anons, artık hayatın doğal bir parçasıydı. Parkta kuş sesleri neyse, burada anons oydu.

İstanbul'un ışıkları, camdan yansıyordu. Yusuf ışıklara baktı. Bir an için, bu ışıkların altında büyüyen çocukları düşündü. Onlar da böyle mi hissediyordu? Yoksa alışıyorlar mıydı?

Aile yavaş yavaş şunu anladı:

Burada kişisel hikâyeler susmazdı. Ama yükselmezdi de.

Hikâyeler, kamusal bir uğultunun içine karışırdı.

Ve insan, bu uğultunun içinde kendi sesini tanımayı öğrenirdi.

Gecenin ilerleyen saatlerinde hastane binası uyumadı. İstanbul'un ışıkları gibi, içerideki hayat da durmuyordu. Koridorlardan geçen adımlar azalmıştı ama bitmemişti. Kapılar açılıp kapanıyor, sedyeler sessizce kayıyor, anonslar yankılanıyordu. Bu süreklilik, Gülten'in zihninde bir gerçeği netleştirdi: burada zaman kimseye göre ayarlanmıyordu. Kim gelirse gelsin, sistem kendi ritminde akıyordu.

Yusuf sandalyede doğruldu. Gözleri yorulmuştu. Işıklar gözlerini kapatsa da peşini bırakmıyordu. Sakarya'da gece karanlık olurdu. Karanlık, uyku çağırırdı. Burada gece, gündüzden ayırt edilemiyordu. Bu belirsizlik, Yusuf'un iç saatini bozmuştu.

"Anne," dedi, sesi uykulu ama netti. "Burası hiç kapanmıyor mu?"

Bu soru, sadece bir merak değildi. Bir tespit gibiydi. Gülten oğluna baktı. Çocukların bazı soruları, büyüklerin fark etmek istemediği gerçekleri yakalardı.

"Hayır," dedi. "Kapanmıyor."

Yusuf başını salladı. "O zaman herkes burada kalıyor."

Bu cümle, İstanbul'un ruhunu anlatıyordu. Kalabalığın içinde kimse kimseye ait değildi ama herkes bir yere bağlıydı. Bu bağ, kişisel değildi. Kurumsaldı. Yusuf bunu kelimelere dökmese de hissediyordu.

Süleyman ayağa kalktı. Birkaç adım attı. Pencereye yaklaştı. Şehrin ışıklarına baktı. Uzaktan bakınca her şey düzenli görünüyordu. Yollar, binalar, ışıklar... Ama yaklaştıkça düzensizlik ortaya çıkıyordu. İnsanlar, telaşlar, bekleyişler... Süleyman, bu iki görüntü arasındaki farkın farkına vardı. Sistem, uzaktan bakıldığında güçlüydü. Yakından bakıldığında ise sertti.

Yanlarından geçen bir aile, kısa bir konuşmayla bir odaya yönlendirildi. Yusuf onları izledi. Bir an için onların hikâyesini merak etti. Ama hikâye sormadı. Çünkü burada hikâyeler sorulmazdı. Burada sadece yönler vardı.

"Baba," dedi Yusuf, "Biz de onlar gibi miyiz?"

Bu soru, artık karşılaştırma içermiyordu. Yusuf, kendini başkalarının içinde konumlandırmaya başlamıştı. Sakarya'da Yusuf, Yusuf'tu. İstanbul'da Yusuf, bir örnekti.

"Evet," dedi Süleyman dürüstçe. "Onlar gibi ama aynı değil."

Bu cevap, İstanbul'da verilebilecek en doğru cevaptı. Çünkü burada herkes benzer süreçlerden geçerdi ama kimse aynı acıyı yaşamazdı.

Gülten çantasından küçük bir defter çıkardı. Yusuf'un adını yazdı. Tarihi yazdı. Hastanenin adını yazdı. Bu notlar, görünmezliğe karşı küçük bir direnişti. "Biz buradaydık" demenin bir yoluydu. Çünkü sistem, kayıt tutardı ama insanın kaydını tutmazdı.

Yusuf deftere baktı. "Bunu neden yazıyorsun?" diye sordu.

"Unutmamak için," dedi Gülten.

"Bizi mi?" diye sordu Yusuf.

"Evet," dedi Gülten. "Bizi."

Bu tek kelime, o an için yeterliydi. Çünkü İstanbul'un içinde kaybolmamak için bazen sadece bir kelimeye tutunmak yeterdi.

Saat ilerledikçe aile şunu kabullendi:

Artık kimse onları özel olarak tanımıyordu.

Artık kimse onların hikâyesini baştan dinlemiyordu.

Artık onlar, büyük bir akışın içindeydi.

Ama bu kabulleniş, teslimiyet değildi. Bu, yeni bir konumlanmaydı. Hikâye kişisel olmaktan çıkmıştı ama yok olmamıştı. Sadece biçim değiştirmişti. Artık bu hikâye, kamusal bir zeminde ilerleyecekti. Daha sert, daha görünmez, ama daha geniş bir alanda.

İstanbul'un ışıkları yanıyordu. Küçük insanlar yürüyordu. Büyük sistem çalışıyordu.

Ve aile, bu büyüklüğün içinde küçülerek değil; yerini öğrenerek ayakta kalmaya hazırlanıyordu.

BÖLÜM III – ÇAPA: AD, KURAL VE ÇATIŞMA

Eski Bina – Birikmiş Acılar

Çapa'ya geldiklerinde ilk hissedilen şey, binanın yaşıydı. Bu yaş, takvimle ölçülebilecek bir yaş değildi. Duvarların rengiyle, merdivenlerin aşınmışlığıyla, kapı kollarının matlığıyla hissedilen bir yaş. Burası yeni değildi. Ama eski olmak da değildi mesele. Burası, çok şey görmüş bir yerdi.

Yusuf kapıdan içeri girdiğinde, adımlarını yavaşlattı. İstanbul'un ışıklı, camlı hastanelerinden sonra bu bina daha alçak, daha karanlık gelmişti. Tavanlar daha düşüktü. Koridorlar daha dardı. Ama bu darlık, yabancı değildi. Daha çok, insanı içine alan bir şeydi. Sanki bina, gelenleri yutuyor ama kaybetmiyordu.

"Burası neden böyle?" diye sordu Yusuf.

Gülten bir an durdu. Çünkü "böyle" kelimesi, burada çok şey anlatıyordu. "Burası eski," dedi. "Uzun zamandır burada hastalar var."

Yusuf duvarlara baktı. Boya yer yer kabarmıştı. Bazı köşelerde çatlaklar vardı. Ama bu çatlaklar, bakımsızlıktan çok yorgunluk gibi duruyordu. Sanki bina, yıllardır taşıdığı hikâyelerin ağırlığını artık duvarlarında gösteriyordu.

Koridordan geçerken Yusuf'un burnuna farklı bir koku geldi. Keskin değildi. Yeni hastanelerdeki steril kokuya benzemiyordu. Daha ağır, daha yerleşik bir koku. Temizlikten çok, varlığa dair bir koku. İnsan kokusu. Zaman kokusu.

Süleyman adımlarını saymadan yürüyordu. Ama her adımda daha dikkatliydi. Burası, hızlanılacak bir yer değildi. Burada hızlı yürümek, binanın ritmine aykırıydı. Çapa, aceleyi sevmezdi. Çünkü burada acele eden çok olmuştu. Ve çoğu, aceleyi geride bırakmıştı.

Bekleme alanına geldiklerinde sandalyeler eskimişti. Oturduklarında gıcırdadı. Yusuf bu sesi fark etti. Sandalye konuşmuş gibiydi. Sanki daha önce oturanların ağırlığını hatırlıyordu.

"Bunlar neden böyle ses çıkarıyor?" diye sordu.

"Çünkü çok kişi oturmuş," dedi Süleyman.

Bu cevap, Yusuf'un kafasında başka bir kapı açtı. Çok kişi. Kaç kişi? Kimler? Ne zaman? Yusuf bu soruları sormadı ama etrafına daha dikkatli bakmaya başladı.

Duvarlarda asılı eski afişler vardı. Yazıları solmuştu. Bazıları yenileriyle kapatılmıştı ama köşelerinden eskiler görünüyordu. Bu katmanlar, Çapa'nın hafızasıydı. Yeni gelen hiçbir şey, eskisini tamamen silemiyordu. Her şey üst üste binmişti.

Gülten bir an için gözlerini kapattı. Bu binada yürürken, daha önce burada yürüyenleri düşündü. Aynı koridorlardan geçen anneler, babalar, çocuklar... Kimileri umutla gelmiş, kimileri çaresizlikle. Kimileri çıkmış, kimileri kalmış. Bu düşünce, Gülten'in omuzlarına ağırlık yaptı.

"Anne," dedi Yusuf, fısıltıyla. "Burası konuşuyor gibi."

Gülten irkildi. Çünkü Yusuf'un söylediği şey, kendi hissettiği şeyle örtüşüyordu. Bina gerçekten konuşuyor gibiydi. Ama sesle değil. Ağırlıkla. Sessizlikle.

"Evet," dedi. "Biraz öyle."

Çapa, bir hastane değildi sadece. Bir arşivdi. Biriktirilmiş acıların, umutların, bekleyişlerin arşivi.

Ve aile, bu arşivin içine yeni bir dosya gibi giriyordu. Henüz numarası verilmemiş, henüz adı yazılmamış bir dosya.

Ama duvarlar, onları çoktan tanımış gibiydi.

Çapa'nın koridorları düz değildi. Kısa gibi görünen bir yol, beklenmedik bir dönüşle uzuyor; geniş sandığın bir alan daralıp boğaz gibi sıkışıyordu. Yusuf bunu yürürken fark etti. Her köşe, bir öncekinden farklıydı. İstanbul'daki yeni hastanelerde koridorlar insanı yönlendirirdi. Burada ise koridorlar insanı sınardı.

Duvarlara daha yakından bakınca, binanın yüzeyi bir defter gibi görünüyordu. Boyanın altında eski boyalar, onların altında başka renkler vardı. Her katman, başka bir dönemin iziydi. Gülten bu katmanlara bakarken, burada geçen yılları düşündü. Kaç çocuğun başını duvara yaslayıp beklediğini, kaç annenin aynı köşede sessizce ağladığını hayal etti. Bu düşünceler hayal değildi aslında; binanın içinde dolaşan bir hafızanın çağrısıydı.

Bir kapının önünden geçtiler. Kapı kapalıydı ama içerden konuşma sesleri geliyordu. Alçak, yorgun, bazen titrek sesler. Yusuf istemsizce yavaşladı.

"Kim konuşuyor?" diye sordu.

"Doktorlar," dedi Süleyman. "Belki hastalar."

Yusuf başını salladı. Ama bu cevap onu tam ikna etmedi. Çünkü sesler, sıradan konuşma sesleri değildi. İçlerinde beklemişlik vardı. Bir şeylerin sonucunu bekleyen insanların sesi.

Koridorun sonunda eski bir pencere vardı. Camı tam temiz değildi. Dışarıdan gelen ışık, bu camdan süzülürken kırılıyor, yere düzensiz gölgeler düşürüyordu. Yusuf gölgelere baktı. Parkta gölgeler oyun olurdu. Burada gölgeler ağırdı. Yerinden kalkmıyordu.

"Baba," dedi.

"Burada insanlar çok mu üzülmüş?"

Süleyman durdu. Bu soru, basit bir merak değildi. Yusuf, binanın duygusunu sezmişti. Süleyman dürüst olmak istedi ama kelimeleri dikkatle seçti.

"Evet," dedi. "Üzülmüşler. Ama umutlanmışlar da."

Bu ekleme, Süleyman'ın kendisi için de gerekliydi. Çünkü sadece acıyı görmek, insanı binanın ağırlığı altında ezerdi. Çapa'nın farkı, sadece acıyı değil; direnci de biriktirmiş olmasıydı.

Bekleme alanına vardıklarında, diğer hastalar sessizce oturuyordu. Kimse yüksek sesle konuşmuyordu. Kimse telefonla gülmüyordu. Sanki binanın yazılı olmayan bir kuralı vardı: burada ses yükseltilmezdi. Çünkü yükseltilen her ses, geçmişte kalmış başka sesleri rahatsız ederdi.

Yusuf sandalyeye oturduğunda, sandalyenin sırtı bir an sallandı. Yusuf korkmadı ama irkildi. Sandalye, onun ağırlığını ölçer gibiydi. Gülten bunu fark etti ve oğlunun omzuna elini koydu.

"Burası bizi tartıyor gibi," dedi Yusuf.

Gülten'in içi ürperdi. Çünkü bu benzetme doğruydu. Çapa, gelenleri sadece muayene etmezdi. Sabırlarını, dayanıklılıklarını, sessizliklerini de tartardı.

Ve aile, bu tartının içine girmişti artık. Henüz sonuç yoktu. Henüz bir isim yoktu.

Ama bina, onların ağırlığını kaydetmişti.

Bekleme alanında geçen her dakika, Çapa'nın geçmişini biraz daha görünür kılıyordu. Burada beklemek, sadece kendi sırasını beklemek değildi; senden önce beklemiş olanların varlığını da kabul etmekti. Gülten bunu ilk kez bu kadar net hissetti. Aynı sandalyede kimlerin oturduğunu, aynı duvara kimlerin yaslandığını bilmeden oturmak, insanın omuzlarına görünmez bir yük bindiriyordu.

Duvarın karşı köşesinde asılı bir pano vardı. Üzerinde duyurular, eski tarihler, solmuş yazılar. Bazılarının köşeleri yırtılmış, bazıları yenileriyle yarı yarıya örtülmüştü. Ama hiçbir kağıt tamamen kaldırılmamıştı. Bu bile başlı başına bir mesajdı: Çapa, hiçbir şeyi tamamen silmezdi. Sadece üstünü örterdi.

Yusuf panoya baktı. Yazıları okumadı ama tarihleri fark etti. 1998. 2004. 2011. Bu sayılar ona bir şey anlatmıyordu ama çokluklarını hissediyordu.

"Anne," dedi, "Burası çok uzun zamandır var, değil mi?"

"Evet," dedi Gülten. "Ben senden küçükken de vardı."

Bu cevap, Yusuf'un gözlerini büyüttü. Bir binanın, annesinden daha uzun zamandır var olması fikri ona garip geldi. Bu, binayı canlı bir şey gibi düşünmesine yol açtı. Canlı ve yaşlı.

Bir hemşire koridordan geçti. Adımları sakindi. Acele etmiyordu. Çapa'da acele yoktu. Çünkü burada acele edenlerin çoktan yorulduğu biliniyordu. Yusuf hemşirenin yüzüne baktı. Yüzünde bir sertlik yoktu. Ama yumuşaklık da yoktu. Daha çok, alışmışlık vardı. Uzun süre aynı şeylere bakmanın getirdiği bir alışmışlık.

"Baba," dedi Yusuf, fısıltıyla. "Burada çalışanlar üzülmüyor mu?"

Süleyman bu soruyu beklemiyordu. Ama cevabı biliyordu.

"Üzülüyorlar," dedi. "Ama her gün."

Bu iki kelime, Yusuf'un kafasında yeni bir pencere açtı. Her gün üzülmek... Bu, parkta yaşanacak bir şey değildi. Evde de. Ama burada mümkündü. Çünkü burada üzüntü, istisna değil; süreklilikti.

Koridorun öbür ucunda bir çocuk ağladı. Ses kısa sürdü. Anne sesi yükseldi, sonra alçaldı. Yusuf o yöne baktı ama uzun süre bakmadı. Bakmak, yük almak demekti. Yusuf bunu sezgisel olarak biliyordu.

Gülten içinden şunu düşündü:

Bu bina sadece hastalık görmemiş. Sabır görmüş. Vazgeçmemeyi görmüş.

Çapa'nın farkı buydu. Yeni hastaneler umut satardı. Çapa ise direnç biriktirirdi. Umut, burada bağırarak değil; susarak taşınırdı.

Süleyman da bunu hissetti. Sakarya'da her şey daha kişiseldi. İstanbul'da daha anonimleşmişti. Ama Çapa'da bir şey değişiyordu. Anonimlik yerini, ortak bir kader duygusuna bırakıyordu. Burada herkes yalnızdı ama kimse tek başına değildi. Çünkü binanın hafızası, herkesi birbirine bağlıyordu.

Yusuf sandalyede öne doğru eğildi. Elleri dizlerinde. Bu duruş, beklemekten çok dinlemek gibiydi. Sanki bina ona bir şey anlatacaktı. Ve Yusuf, bunu kaçırmak istemiyordu.

Bu bina, birçok çocuğun ilk korkusunu, birçok annenin ilk çaresizliğini, birçok babanın ilk "yetemiyorum" duygusunu duvarlarına kaydetmişti.

Ve şimdi, Yusuf'un ailesi de bu kaydın içine giriyordu.

Çapa'da zaman, saatle ölçülmezdi. Saatler duvarlarda asılıydı ama kimse onlara bakmıyordu. Burada zaman, duvarların kalınlığıyla, kapıların ağırlığıyla, ayak seslerinin yankısıyla hissedilirdi. Yusuf bunu beklerken fark etti. Dakikalar geçiyordu ama dakikaların geçtiğini gösteren bir işaret yoktu. Sadece bekleme derinleşiyordu.

Bir görevli, elinde dosyalarla koridordan geçti. Dosyalar doluydu. İnce değildi hiçbir dosya. Hepsi kalındı, ağırdı. Yusuf o dosyalara baktı ve içinden bir düşünce geçti: *Bu dosyalar çok şey biliyor.* Bu düşünce, onu ürkütmedi. Daha çok saygı duyduğu bir şey gibiydi. Çünkü çok şey bilen şeyler, hafıza sahibiydi.

Gülten, bekleme alanının köşesindeki pencereye yaklaştı. Camdan dışarı baktı. Avluda birkaç ağaç vardı. Ağaçlar eskiydi. Gövdeleri kalındı. Dallarında kırık izleri vardı ama hâlâ ayaktaydılar. Gülten bu ağaçlara baktığında, Çapa'yı daha iyi anladı. Burası kırılanların atıldığı bir yer değildi. Kırılanların tutunmayı öğrendiği bir yerdi.

"Anne," dedi Yusuf. "Bu bina iyileştiriyor mu?"

Bu soru, doğrudan değildi ama en zor soruydu. Gülten cevap vermeden önce derin bir nefes aldı. Çünkü bu binanın ne yaptığını tek bir kelimeyle anlatmak mümkün değildi.

"Bazen," dedi. "Bazen de insanlara dayanmayı öğretiyor."

Yusuf bu cevabı düşündü. Dayanmak... Parkta öğretilmeyen bir şeydi bu. Ama burada, binanın duvarlarında yazılı gibiydi. Kimse yüksek sesle söylemiyordu ama herkes biliyordu.

Süleyman bekleme alanının ortasında durdu. Çevresine baktı. İnsanların yüzlerini tek tek inceledi. Her yüzde başka bir hikâye vardı ama ortak bir çizgi de vardı: yorgunluk. Bu yorgunluk, uykusuzluktan gelmiyordu sadece. Uzun süren bir mücadelenin yorgunluğuydu. Süleyman o an şunu anladı: Çapa'ya gelen kimse ilk gününde güçlü değildi. Güç, burada kazanılıyordu.

Koridorun bir ucunda bir çocuk yürüyordu. Yavaş. Dikkatli. Adımlarını yere bastığını hissederek. Yusuf onu izledi. Bu çocuk, parkta koşan çocuklara benzemiyordu. Ama garip bir şekilde, Yusuf'a daha yakındı. Çünkü aynı binadaydılar. Aynı havayı soluyorlardı. Aynı hafızanın içindeydiler.

"Baba," dedi Yusuf. "Burada herkes biraz aynı gibi."

Süleyman başını salladı. "Evet," dedi. "Çünkü herkes burada bir şey bekliyor."

Bu cümle, Çapa'nın özetiydi. Beklemek, burada bir pasiflik değil; aktif bir hâldi. İnsanlar beklerken güçleniyor, susarken direniyor, yorulurken dönüşüyordu.

Gülten yeniden sandalyeye oturdu. Yusuf'un yanına. Elini oğlunun sırtına koydu. Yusuf bu teması fark etti ama dönüp bakmadı. Çünkü artık temasın orada olduğunu bilmek yetiyordu. Çapa'da kimse sürekli bakılmazdı. Varlık, bakmadan da hissedilirdi.

Bina sessizdi. Ama bu sessizlik boş değildi. İçinde geçmiş vardı. Yıllar vardı. İsimler vardı. İsimleri unutulmuş ama hikâyeleri duvarlarda kalmış insanlar vardı.

Çapa bir mekân değildi artık.

Bir hafızaydı. Biriktirilmiş acıların, yarım kalan umutların, direnerek taşınmış günlerin hafızası.

Ve aile, bu hafızanın içinde kendi yerini alıyordu.

Ne ilklerdi.

Ne son olacaklardı.

Ama bundan sonra, yalnız da değillerdi.

Hastalığın Adı – İnkârın Sonu

Odaya girdiklerinde, ilk fark edilen şey sessizlikti. Çapa'nın koridorlarındaki ağır sessizlikten farklı bir sessizlik. Bu sessizlik, konuşmak üzere bekleyen bir sessizlikti. Duvarlar beyazdı ama soğuk değildi. Daha çok, bir şey söylemeden önce susmayı seçmiş gibiydiler.

Doktor masanın arkasında oturuyordu. Önünde dosyalar vardı. Dosyalar açık değildi. Kapalıydı. Bu kapalı hâl, Süleyman'ın içini sıktı. Açık dosyalar bakılabilirdi. Kapalı dosyalar konuşulurdu.

Yusuf sandalyeye oturdu. Ayakları yere değiyordu ama bastığını hissetmiyordu. Gülten yanına oturdu. Süleyman biraz geride kaldı. Bu yerleşim bilinçli değildi ama anlamlıydı. Anne ve çocuk yan yana. Baba, bir adım geride. Sanki baba, duyacağı şeyi önce içine alacakmış gibi.

Doktor konuşmadan önce bir an durdu. Bu duraklama, Çapa'da sık rastlanan bir duraklamaydı. Kelimelerin tartıldığı, ağırlığının ölçüldüğü bir an. Yusuf bu anı fark etti. Çünkü çocuklar, yetişkinlerin duraklamalarını hemen hissederdi.

"Bazı sonuçlar geldi," dedi doktor.

Cümle basitti. Ama devamı gelmedi. Devamın gelmemesi, cümlenin kendisinden daha ağırdı. Gülten ellerini birbirine kenetledi. Süleyman nefesini tuttuğunu fark etti.

Doktor dosyayı açtı. Kağıtların sesi çıktı. Bu ses, odadaki tek hareketti. Yusuf o sese baktı. Kağıt sesi, ona bir şeyin değiştiğini hissettirdi.

"Yapılan tetkikler," dedi doktor, "bir tümöral durumu düşündürüyor."

Bu kelimeler, Yusuf'un zihninde bir anlam oluşturmadı. Tümör, onun dünyasında bir kelime değildi. Ama ses tonundaki ciddiyet, kelimenin kendisinden önce ulaştı.

Gülten'in kalbi hızlandı. Süleyman'ın içi boşaldı. Ama ikisi de bir şey söylemedi. Çünkü henüz ad söylenmemişti. Ad söylenmeyince, insan hâlâ kaçabileceğini düşünürdü.

"Bu tip durumlarda," diye devam etti doktor,

"isim koymak önemlidir."

İsim. Bu kelime, Yusuf'un dünyasında çok netti. Yusuf'un bir adı vardı. Annesinin, babasının adı vardı. İsim, bir şeyi çağırmak demekti. Ama bu odada, isim çağırmak istemedikleri bir şey vardı.

Doktor bir an durdu. Yusuf'un yüzüne baktı. İlk kez doğrudan baktı. Bu bakış, profesyonel değildi sadece. İnsaniydi. Bu bakış, gelecek cümlenin ağır olduğunu haber veriyordu.

"Ewing Sarkom," dedi doktor.

Kelime odanın içinde kaldı. Duvarlara çarptı, geri dönmedi. Yusuf kelimeyi anlamadı ama kelimenin bir ad olduğunu anladı. Bir şeye ad konmuştu. Ad konan şeyler kaçmazdı.

"Bu," diye ekledi doktor,

"kemikten kaynaklanan bir hastalık."

Bu cümle teknikti ama kısa tutulmuştu. Doktor, detaylara girmedi. Çünkü detaylar, o an için gereksizdi. O an için önemli olan tek şey, adın söylenmiş olmasıydı.

Gülten'in gözleri doldu ama ağlamadı. Ağlamak, adın ağırlığını artırırdı. Süleyman başını öne eğdi. İlk kez inkâr edecek bir alan kalmadığını hissetti.

Yusuf sessizdi. Sessizlik, onun savunmasıydı. Bir süre sonra sordu:

"Bu benim adım mı?"

Odadaki herkes dondu. Çünkü bu soru, yetişkinlerin kuramadığı cümleyi kurmuştu. Hastalığın adı ile çocuğun adı arasındaki mesafeyi ölçmüştü.

"Hayır," dedi Gülten hemen.

"Bu sen değilsin."

Ama kelime söylenmişti.

Ve bir kez söylenen ad, artık yok sayılamazdı.

İnkâr, o odada sessizce sona erdi.

Odadaki kelime, odadan onlarla birlikte çıktı. Kapı kapandığında, kelime içeride kalmadı; koridora taştı. Koridorun sessizliği, bu yeni yükü hemen içine aldı. Çapa'nın duvarları, başka kelimeler de duymuştu. Ama her yeni kelime, ilk kez duyuluyormuş gibi ağırdı.

Gülten yürürken farkında olmadan kelimeyi tekrar etti. Dudakları kıpırdadı ama ses çıkmadı. Ewing... Sarkom... İki parçalı bir kelimeydi bu. Parçalanmış gibiydi. Belki de bu yüzden bu kadar acı veriyordu. Parçalanmış şeyler, insanın içine daha kolay girerdi.

Süleyman konuşmadı. Konuşursa kelimeyi güçlendireceğini hissetti. Sanki kelimeyi ağzına alırsa, gerçekliği daha da sertleşecekti. Oysa şu an ihtiyacı olan şey sertlik değil, tutunacak bir yüzeydi. Ama koridor pürüzsüzdü. Tutunacak yer yoktu.

Yusuf sessizdi. Çocuklar, bazen yetişkinlerden daha hızlı kabullenirdi. Çünkü kabullenmek, onlar için bir savunma biçimiydi. Yusuf kelimenin anlamını bilmiyordu ama kelimenin bir isim olduğunu biliyordu. İsimler, çağrıldığında gelen şeylerdi. Yusuf bunu sezgisel olarak hissediyordu.

"Anne," dedi, yürürlerken.

"Bu kelime bizimle mi gelecek?"

Gülten durdu. Bu soru, kelimenin mekândan çıkıp hayata girdiği andı. Hastane, doktor, oda... Bunların hepsi geçiciydi. Ama kelime, kalıcı olabilirdi.

"Bilmiyorum," dedi dürüstçe.

"Ama biz birlikteyiz."

Bu cevap, kelimeyi yok etmiyordu. Ama Yusuf'u kelimenin karşısında yalnız bırakmıyordu. Bu da bir dirençti.

Bekleme alanına geldiklerinde sandalyeler aynıydı. Ama artık farklı görünüyordu. Az önce oturulan sandalyeler, şimdi başka bir yük taşıyordu. Gülten oturmadı. Ayakta kaldı. Ayakta kalmak, hâlâ düşmediğini kendine kanıtlamaktı.

Süleyman nihayet konuştu. Sesi kısıktı.

"Bu isim," dedi. "Bu isim her şeyi değiştirdi mi?"

Bu soru, inkârın son cümlesiydi. Değiştirdi mi? Yoksa zaten değişmiş miydi? Gülten cevap vermedi. Çünkü cevap, henüz net değildi. Ama bir şey çok netti: artık geri dönülecek bir "önce" yoktu.

Yusuf etrafına baktı. İnsanlar oturuyordu. Bekliyordu. Bazıları ağlıyordu, bazıları susuyordu. Kimse onların konuşmasını dinlemiyordu. Bu, Yusuf'u rahatlattı. Çünkü bu kelime, şu an sadece onların kelimesiydi. Henüz başkalarına anlatılmak zorunda değildi.

"Ben hasta mıyım?" diye sordu.

Soru basitti. Ama cevabı zor. Gülten eğildi. Yusuf'un göz hizasına indi. Bu, eşitlenmek demekti.

"Bir şey var," dedi.

"Ve onu iyileştirmek için uğraşacağız."

Bu cümle, gerçeği saklamıyordu ama korkuyu da büyütmüyordu. Süleyman bu cümleyi duyduğunda, içindeki bir düğüm gevşedi. Çünkü mücadele kelimesi, ilk kez ima edilmişti.

Yusuf başını salladı. "Tamam," dedi.

Bu "tamam", büyük bir kabullenişti. Çocukça ama güçlü. Yetişkinlerin saatlerce varamadığı bir noktaya, Yusuf tek kelimeyle varmıştı.

Kelime artık inkâr edilemezdi. Ama kelime, her şey değildi.

İnkâr bitmişti. Ama hikâye bitmemişti.

Ve bu hikâye, artık adı konmuş bir gerçekle yürümeye başlıyordu.

Kelime, eve onlardan önce vardı. Kapıyı açtıklarında, ev eskisi gibiydi ama kelime değildi. Ayakkabılar çıkarıldı, montlar asıldı, ışık yakıldı. Her şey yerli yerindeydi. Ama yerli yerinde olmayan bir şey vardı: sessizlik. Bu sessizlik, alışılmış bir ev sessizliği değildi. Daha dikkatli, daha tetikte bir sessizlikti.

Yusuf odasına gitti. Oyuncaklarına baktı. Oyuncaklar yerli yerindeydi. Arabalar dizili, kitaplar raftaydı. Yusuf bir arabayı aldı, yere koydu, itti. Araba ilerledi. Bu küçük hareket, Yusuf'u rahatlattı. Bir şey hâlâ eskisi gibi çalışıyordu. Bu, önemliydi.

Gülten mutfağa geçti. Bir bardak su doldurdu. Elinin titrediğini fark etti. Titremeyi durdurmaya çalışmadı. Çünkü durdurmaya çalışmak, daha çok hissettirirdi. Suyun sesi mutfakta yankılandı. Bu ses, doktorun odasındaki kağıt sesine benziyordu. Gülten irkildi.

Süleyman salonda ayakta durdu. Oturmadı. Oturmak, çökmek gibiydi. Ayakta durmak, hâlâ ayakta olduğunu kendine kanıtlamaktı. Pencereye yürüdü. Dışarı baktı. Sokak aynı sokaktı. İnsanlar geçiyordu. Hiçbiri bilmiyordu. Bu bilmezlik, Süleyman'ı öfkelendirmedi. Aksine, kısa bir süre için rahatlatmıştı. Dünya hâlâ dönüyordu.

"Baba," dedi Yusuf odasından.

"Bu kelimeyi okula götürecek miyiz?"

Süleyman durdu. Bu soru, kelimenin hayatın neresine yerleşeceğini soruyordu. Okul, park, ev... Kelime nereye kadar girecekti?

"Hayır," dedi.

"Bu bizim kelimemiz."

Bu cevap, bir sınır çiziyordu. Kelime her yerde dolaşamazdı. Şimdilik. Belki sonra. Ama bugün değil.

Yusuf başını salladı. Sınırlar, çocukları rahatlatırdı. Çünkü sınır, kontrol demekti. Kontrol, kelimenin elinden bir şey almak demekti.

Gülten mutfaktan seslendi. "Yemek ister misin?"

Yusuf düşündü. "Biraz," dedi.

Bu "biraz", günlerdir duyulan "biraz"lardan farklıydı. Bu "biraz", hayata tutunma çabasıydı. Gülten küçük bir tabak hazırladı. Yusuf yedi. Her lokmayı saymadı ama fark etti. Yemek, hâlâ mümkündü. Bu da önemliydi.

Akşam ilerledikçe kelime, evin içinde dolaşmaya başladı. Kimse yüksek sesle söylemedi ama herkes yerini biliyordu. Salonun ortasında, mutfağın köşesinde, Yusuf'un odasının kapısında... Görünmez bir eşya gibiydi kelime. Yer kaplamıyordu ama her yere sığıyordu.

Süleyman sonunda konuştu.

"Ben bunu kabul etmiyorum," dedi.

Bu cümle, inkâr değildi. Daha çok bir isyandı. Kabul etmek, hemen boyun eğmek gibi geliyordu. Süleyman boyun eğmek istemiyordu. Ama inkâr edecek bir alan da kalmamıştı.

Gülten yanına gitti. Elini tuttu.

"Ben de istemiyorum," dedi.

"Ama buradayız."

Bu "buradayız", kelimeye rağmen ayakta kalma cümlesiydi. Yusuf salondan onları izledi. İki yetişkinin birbirine tutunmasını gördü. Bu görüntü, kelimeden daha güçlüydü.

O gece ışıklar erken kapandı. Ama kimse hemen uyumadı. Yusuf yatağında döndü. Bir süre sonra seslendi.

"Anne," dedi. "Bu kelime beni değiştirecek mi?"

Gülten yatağın kenarına oturdu. Saçlarını okşadı.

"Hayır," dedi.

"Sen yine sensin."

Bu cümle, o gecenin en önemli cümlesiydi. Çünkü kelimeye rağmen, Yusuf'un adı hâlâ Yusuf'tu.

İnkâr bitmişti. Ama kimlik bitmemişti.

Ve aile, bunu korumak için sessiz bir sözleşme yapmıştı.

Gece ilerledikçe evdeki sesler azaldı ama kelime sessizleşmedi. Işıklar kapalıydı, perdeler çekilmişti. Sokaktan gelen sesler bile daha uzaktan geliyordu. Ama kelime, içerideydi. Bir yere ait değildi. Ne salona, ne mutfağa, ne de Yusuf'un odasına. Daha çok evin tam ortasında duruyordu. Kimsenin bakmadığı ama herkesin bildiği bir yerde.

Süleyman mutfak masasının başına oturdu. Önünde hiçbir şey yoktu. Ne kâğıt, ne telefon, ne de bardak. Ellerini masaya koydu. Bu, gün içinde yaptığı ilk bilinçli hareketti. Gün boyu taşınmış, yönlendirilmiş, çağrılmışlardı. İlk kez kendisi durmuştu.

Kafasının içinde kelimeyi tekrar etti. Bu kez sesli değildi. İçinden. İçten söylenen kelimeler, daha ağır olurdu. Çünkü yankısı kaçacak bir yer bulamazdı.

Ewing Sarkom.

Bu iki kelime, artık bir tıbbi terim gibi değil; bir dönüm noktası gibi duruyordu. Süleyman o an şunu fark etti: Bu kelime, yalnızca Yusuf'un bedenine ait değildi. Bu kelime, onların hayatının zaman çizelgesini ikiye bölmüştü. Öncesi ve sonrası.

Gülten yatak odasında Yusuf'un yanındaydı. Yusuf uyumamıştı ama gözleri kapalıydı. Çocuklar bazen uyumadan durmayı tercih ederdi. Çünkü uyku, kontrolü bırakmak demekti. Yusuf kontrolü bırakmak istemiyordu.

"Anne," dedi, gözlerini açmadan. "Bu kelime sabaha da burada olacak mı?"

Gülten'in boğazı düğümlendi. Çünkü bu soru, umuda tutunmak için değil; gerçekle yüzleşmek için sorulmuştu.

"Evet," dedi yavaşça. "Ama biz de burada olacağız."

Bu cevap, kelimeyi küçültmüyordu. Ama Yusuf'u kelimenin karşısında yalnız bırakmıyordu. Çocuklar için yalnızlık, acıdan daha korkutucuydu.

Yusuf derin bir nefes aldı. "O zaman tamam," dedi.

Bu "tamam", artık kabullenmenin kelimesiydi. Ne korkusuzdu ne de güçlü. Ama gerçekti.

Süleyman mutfaktan kalktı. Salona geçti. Duvara asılı fotoğraflara baktı. Doğum günü, park, deniz kenarı... Fotoğrafların hiçbiri eksik değildi. Ama artık hepsi bir öncesiydi. Bu fark, Süleyman'ın içini acıttı. Çünkü öncesi olan her şey, geri gelmeyecekmiş gibi hissettirirdi.

Ama sonra başka bir düşünce geldi:

Öncesi bitmiş olabilir. Ama Yusuf bitmemişti.

Bu düşünce, Süleyman'ın içindeki ilk sağlam cümleydi. Kelimeyi inkâr etmiyordu. Ama kelimenin her şeyi yutmasına da izin vermiyordu.

Gece yarısına doğru ev tamamen sessizleşti. Gülten de yatağa girdi. Ama uyumadı. Tavana baktı. Tavanda bir leke vardı. Daha önce fark etmemişti. Küçük bir leke. Gülten bu lekeye baktı ve istemeden Yusuf'un bacağındaki ilk lekeyi hatırladı. Hayat bazen böyle çalışıyordu. Küçük bir iz, büyük bir yol açıyordu.

Gülten o an şunu düşündü:

İnkâr, bir savunmaydı. Ama artık savunma yetmiyordu.

Artık başka bir şeye ihtiyaç vardı. Dayanıklılığa. Sabra. Uzun bir yürüyüşe.

Sabah yaklaştıkça evde yeni bir hâl belirdi. Henüz umut değildi bu. Ama yıkım da değildi. Daha çok, sert bir gerçeklikle yan yana durabilme hâliydi. İnsanlar buna alışmak derdi ama bu kelime, Gülten'e hâlâ sert geliyordu. Bu bir alışma değildi. Bu, yanında yaşamaydı.

İnkâr bitmişti. Ama teslimiyet başlamamıştı.

Arada bir yerde, aile durmuştu. Adı konmuş bir gerçekle, adı hâlâ Yusuf olan bir çocukla, ve henüz yazılmamış bir gelecekle.

Ve bu duruş, hikâyenin en sessiz ama en güçlü yeriydi.

Anne Refakati – Görünmez Duvar

Refakat kelimesi, o gün Gülten'in zihninde ilk kez bir yük gibi durdu. Daha önce de duyulmuştu bu kelime. Doktorun odasında, koridorda, panolarda... Ama şimdi kelime, bir kuraldan çıkıp bir duvara dönüşüyordu. Görünmeyen ama geçilemeyen bir duvar.

Hemşire kâğıdı uzattığında, Gülten refleksle aldı. Kâğıt inceydi. Üzerinde maddeler vardı. Saatler, imzalar, uyarılar. Kâğıdın kendisi tehditkâr değildi ama içindekiler, insanı yerinde tutuyordu.

"Refakat saatleri burada yazıyor," dedi hemşire.

"Bu saatler dışında odada kalamazsınız."

Ses tonu ne sertti ne yumuşak. Daha çok, alışmış bir tondu. Bu cümleyi yüzlerce kez söylemiş birinin tonu. Gülten bu tonu hemen tanıdı. Bu, tartışma tonu değildi. Bu, bildirim tonuydu.

"Ben annesiyim," dedi Gülten. Bu cümle, bir bilgi değil; bir gerekçeydi.

Hemşire başını salladı. "Biliyorum," dedi. "Mevzuat böyle."

İşte o cümle. Daha önce doktorun ağzından çıkmıştı. Şimdi başka bir ağızdan çıkıyordu. Aynı kelime, farklı kişilerden, aynı soğuklukla geliyordu. Bu, münferit bir tavır değildi. Bu, sistemin diliydi.

Gülten kâğıda tekrar baktı. Saatler netti. Akşam çıkış. Sabah giriş. Arada boşluk. Bu boşluk, bir zaman aralığı değil; bir ayrılıktı.

"Gece yalnız mı kalacak?" diye sordu.

Hemşire duraksamadı. "Odada hemşireler olacak," dedi. "Merak etmeyin."

Bu "merak etmeyin", Gülten'i rahatlatmadı. Çünkü annelik, merakı kapatmazdı. Annelik, tam tersine, merakı büyütürdü.

Yusuf yatakta oturuyordu. Konuşulanları dinliyordu. Kelimeleri değil, yüzleri izliyordu. Annesinin yüzündeki gerginliği fark etti. Hemşirenin yüzündeki alışmışlığı. Bu iki yüz arasındaki fark, Yusuf'un içine bir şey yerleştirdi.

"Anne," dedi.

"Sen gitmeyecek misin?"

Bu soru, görünmez duvarın tam ortasına çarptı. Gülten Yusuf'a baktı. Bir an için kâğıdı, kuralları, saatleri unuttu. Sadece oğlunun yüzünü gördü.

"Yakında olacağım," dedi.

"Buradayım."

Ama "buradayım" demekle "yanındayım" aynı şey değildi. Ve Yusuf bunu sezmişti.

Koridordan bir aile geçti. Başka bir anne, çocuğunun yanından ayrılıyordu. Yüzü asıktı ama ağlamıyordu. Sessizce yürüyordu. Bir baba kapının önünde duruyordu. Elinde çanta. Bakıyordu ama giremiyordu.

Gülten bu sahneyi gördüğünde içinden bir şey koptu. Bu, tekil bir durum değildi. Bu, tekrar eden bir sahneydi. Herkesin payına düşen bir ayrılık biçimi vardı burada.

Refakat, bir hak gibi görünüyordu. Ama pratikte bir lütuftu. Ve lütuflar, geri alınabilirdi.

Gülten o an şunu anladı:

Bu duvar, Yusuf için değil, anneler içindi. Ve görünmez olduğu için daha sertti.

Koridorda zaman geçtikçe Gülten yalnız olmadığını fark etti. Ama bu fark ediş, rahatlatıcı değildi. Çünkü yalnız olmamak, ortak bir teselliye değil; ortak bir çaresizliğe işaret ediyordu. Aynı duvarın önünde bekleyen çok sayıda insan vardı. Hepsi farklı hikâyelerle gelmişti ama aynı kuralla durdurulmuşlardı.

Yan sandalyede oturan bir kadın, çantasından buruşmuş bir kâğıt çıkardı. Saatlere baktı. Sonra başını kaldırıp duvara astığı saate baktı. Aynı hareketi defalarca yaptı. Gülten bu ritmi izledi. Saat, burada bir ölçü aracı değildi. Saat, ayrılığın geri sayımıydı.

Kadın fısıltıyla konuştu. Yanındaki başka bir anneye.

"Gece kalamıyorum," dedi. "Üç gündür böyle."

Bu cümle, Gülten'in içine oturdu. Üç gün. Demek ki bu bir istisna değildi. Devam eden bir durumdu. Bir uygulamaydı.

"Ben de," dedi diğer anne. "Kurallar değişmiyor."

Kurallar. Değişmiyor. Bu iki kelime, bir kapıyı kapatıyordu. Değişmeyen şeyler, konuşulmazdı. Tartışılmazdı. Sadece kabul edilirdi. Ya da susulurdu.

Bir baba koridorun sonunda ayakta duruyordu. Elinde telefon. Arada bir mesaj yazıyor, sonra siliyordu. Gülten o babanın yüzüne baktı. Yüzünde öfke yoktu. Yorgunluk vardı. Öfke, burada lüks bir duyguydu. Yorgunluk ise ortak.

Bir çocuk ağladı. Annesi eğildi, sarıldı. Ama sarılma kısa sürdü. Çünkü hemşire yaklaştı. Sessizce. Bir şey söylemedi. Sadece baktı. O bakış yeterliydi. Anne çocuğu yatağa yatırdı. Geri çekildi. Bu geri çekilme, kelimelerle yapılmadığı için daha sertti.

Yusuf bunları izliyordu. Annesinin yanındaydı ama gözleri başkalarındaydı. Çocuklar, yetişkinlerin görmezden gelmeye çalıştığı şeyleri hemen yakalardı. Yusuf, burada yaşananın tekil bir şey olmadığını sezmişti.

"Anne," dedi alçak sesle. "Herkesin annesi gidiyor mu?"

Gülten cevap vermeden önce çevresine baktı. Evet. Gidiyordu. Gidenler vardı. Kalanlar yoktu. Ama bunu bu kadar çıplak söylemek istemedi.

"Bazı zamanlar," dedi. "Bazen."

Bu "bazen", Yusuf'u kandırmadı. Çünkü koridor, gerçeği gösteriyordu. Bazen değil, çoğu zaman.

Gülten'in içindeki öfke sessizdi. Bağırmak istemiyordu. Çünkü bağırmak, sistemin duvarlarına çarpıp geri dönerdi. Burada bağırmak, yalnızca bağıranı yorar, duvarı sağlamlaştırırdı.

Bu sistem, bireylerin sesine göre şekillenmiyordu. Bu sistem, tekrar eden davranışlara göre çalışıyordu. Herkes sessizce uydukça, sistem güçleniyordu.

Ve Gülten o an şunu anladı:

Bu mesele Yusuf meselesi değildi.

Bu mesele onun anneliğiyle ilgili değildi.

Bu mesele, yüzlerce annenin her gece yaşadığı bir ayrılıktı.

Görünmez duvar, bir istisna değildi. Bir uygulamaydı. Ve uygulamalar, insan yüzü tanımazdı.

Gecenin yaklaşmasıyla koridorun rengi değişti. Işıklar aynıydı ama ton farklıydı. Gündüz kalabalığında kaybolan yüzler, akşam saatlerinde daha belirgin hâle geliyordu. Çünkü gece, ayrılık saatidir. Refakatin bittiği, annelerin geri çekildiği saatler.

Gülten bunu saatten değil, bedenlerden anladı. İnsanlar yavaşlamıştı. Konuşmalar azalmıştı. Çantalar toparlanıyor, montlar elde tutuluyordu. Kimse yüksek sesle "gitmem gerekiyor" demiyordu. Çünkü burada gitmek, bir tercih değildi. Bir zorunluluktu.

Yanındaki anne, Gülten'e doğru eğildi.

"İlk gün mü?" diye sordu.

Bu soru, bir tanışma değildi. Bir teşhisti. Gülten başını salladı.

"Alışırsın," dedi kadın.

Ama bu "alışırsın", umut verici değildi. Daha çok, kabullenişin kısa bir özeti gibiydi.

"Alışmak istemiyorum," dedi Gülten, alçak sesle.

Kadın ona baktı. Gözlerinde şaşkınlık yoktu. Anlayış vardı.

"Kimse istemiyor," dedi. "Ama yine de oluyor."

Bu cümle, görünmez duvarın en net tarifiydi. İstemeden yaşanan bir düzen. Karşı çıkmadan kabullenilen bir ayrılık.

Koridorun diğer ucunda bir anne, hemşireyle konuşuyordu. Sesi yükselmedi. Ama kelimeler netti.

"Bir saat daha," diyordu.

"Sadece bir saat."

Hemşire dinledi. Başını salladı. Ama cevap değişmedi. Saatler değişmedi. Çünkü burada esneklik, kişisel bir lütuf değil; kurumsal bir riskti. Ve sistem, risk almazdı.

Yusuf yatağında oturuyordu. Annesini izliyordu. Konuşmaları dinlemiyordu ama atmosferi hissediyordu. Çocuklar, yetişkinlerin kelimelerinden çok yüzlerini okurdu. Yusuf, annesinin yüzünde bir karar görüyordu. Ama bu karar, eyleme dönüşemiyordu.

"Anne," dedi.

"Sen kalamaz mısın?"

Bu soru, duvara atılan bir taş gibiydi. Taş düştü. Duvar yerinde durdu. Gülten eğildi. Yusuf'un göz hizasına indi.

"İstiyorum," dedi.

"Ama izin vermiyorlar."

Bu cümle, Yusuf'un dünyasında bir şey değiştirdi. İlk kez, annesinin istemesine rağmen yapamadığı bir şey vardı. Bu, Yusuf için yeni bir durumdu. Anne, her şeyi yapabilirdi. Şimdi yapamıyordu.

Bu fark, Yusuf'u korkutmadı. Ama düşündürdü.

Koridorda başka anneler de eğiliyordu. Başka çocukların göz hizasına iniliyordu. Aynı cümleler farklı ağızlardan çıkıyordu. İstemek. Yapamamak. Kurallar.

Bu tekrar, Gülten'in içindeki yalnızlık hissini azalttı ama öfkesini artırdı. Çünkü bu kadar tekrar eden bir şey, tesadüf olamazdı. Bu, tasarlanmış bir düzendi.

Anneler birbirine bakıyordu. Konuşmadan. Bakışlarla. Bu bakışlar, sessiz bir dayanışmaydı. Kimse slogan atmıyordu. Kimse itiraz dilekçesi yazmıyordu. Ama herkes aynı duvarı görüyordu.

Ve bu fark ediş, tehlikeliydi. Çünkü duvar görünür hâle gelirse, insanlar ona bakmaya başlardı. Bakılan duvarlar ise bir gün sorgulanırdı.

Gülten o an şunu düşündü:

Bu yalnızca benim meselem değil.

Bu, benim Yusuf'umun meselesi de değil.

Bu, burada bulunan herkesin paylaştığı bir ayrılık biçimi.

Görünmez duvar, ancak birlikte fark edilirse görünür olurdu.

Ve fark edilmek, sistem için ilk riskti.

Gece saati geldiğinde koridorun dili tamamen değişti. Gündüzün yarı resmî telaşı yerini daha sert, daha çıplak bir düzene bıraktı. Hemşirelerin adımları hızlandı. Kapılar daha sık açılıp kapandı. Anonslar kısa ve kesindi. Bu saatler, refakatin bittiği saatlerdi. Ve biten şey sadece bir izin süresi değildi; annelikle sistem arasındaki temas noktasıydı.

Gülten, saatine baktı. Saat, kâğıtta yazan saatle aynıydı. Sistem şaşmıyordu. İnsanlar şaşırıyordu, ama sistem değil. Bu fark, görünmez duvarın en sert yüzüydü.

"Artık çıkmamız gerekiyor," dedi hemşire.

Cümle kibarca kurulmuştu. Ama içerdiği şey nett i: artık burada değilsiniz. Gülten başını salladı. Başını sallamak, kabul etmek değildi. Sadece daha fazla can yakmamak için yapılan bir harek etti.

Yusuf yatağında doğruldu. Bu kez ağlamadı. Ağlamak, küçük çocuklara yakışırdı. Yusuf, o an küçük hissetmiyordu. Sessizce ayakkabılarını giydi. Bu hareket, annesinin kalbini daha çok acıttı. Çünkü çocuk, ayrılığı öğrenmişti.

"Anne," dedi Yusuf. "Sabah geleceksin, değil mi?"

Bu soru, görünmez duvara son bir dokunuştu. Gülten diz çöktü. Yusuf'un ellerini tuttu.

"Evet," dedi. "Sabah ilk iş."

Bu "ilk iş", Yusuf'un geceyi atlatabilmesi için gerekliydi. Saat önemli değildi. Sözün kendisi önemliydi.

Koridora çıktıklarında başka anneler de çıkıyordu. Aynı anda. Aynı yüz ifadeleriyle. Kimse yüksek sesle konuşmuyordu. Kimse "neden?" diye sormuyordu. Çünkü "neden" sorusu burada cevapsız kalırdı. Sessizlik, ortak bir dil olmuştu.

Asansör kapısı kapandığında Gülten'in içi daraldı. Yukarı çıkmak, fiziksel bir hareketti ama duygusal olarak bir geri çekilme gibiydi. Yusuf aşağıda kalıyordu. Sistem aşağıda kalıyordu. Anne, yukarı çıkıyordu ama gücü aşağıda kalmıştı.

Süleyman dışarıda bekliyordu. Gülten'i görünce ayağa kalktı. Konuşmadılar. Çünkü konuşacak bir şey yoktu. Bu ayrılık, açıklanacak bir ayrılık değildi. Yaşanacak bir ayrılıktı.

Otele döndüklerinde Gülten yatağa oturdu. Montunu çıkarmadı. Çünkü çıkarmak, durmak demekti. Durmak, düşünmek demekti. O düşüncelere henüz hazır değildi.

O an Gülten'in zihninde net bir cümle belirdi:

Bu bir istisna değil. Bu bir kural.

Ve kural olan şeyler, tek bir aileyi ilgilendirmezdi. Bu ayrılık, sadece Yusuf'la Gülten arasında yaşanmıyordu. Bu ayrılık, her gece yüzlerce çocukla annesi arasında yaşanıyordu. Ve bu tekrar, meseleyi kişisel olmaktan çıkarıyordu.

Görünmez duvar, bir annenin sabrını değil, bir sistemin önceliklerini gösteriyordu.

Bu duvar, tek bir çocuğu korumak için değil; düzeni korumak için vardı. Ve düzen, duyguyu hesaba katmıyordu.

Gülten o gece uyumadı. Ama ağlamadı da. Ağlamak, bireysel bir tepkidir. Gülten'in hissettiği şey, artık bireysel değildi. Bu, ortak bir yaraydı. Sessizce paylaşılan, yüksek sesle konuşulamayan bir yara.

Sabah olduğunda Gülten hazırdı. Yorgundu ama hazırdı. Çünkü artık mesele sadece Yusuf değildi. Yusuf her şeydi ama mesele büyümüştü.

Görünmez duvar görünür hâle gelmişti.

Ve görünen duvarlar, bir gün mutlaka sorgulanırdı.

İlk Gece – Uykusuzluk

Hastanenin ilk gecesi, gündüzün üstünü örttüğü her şeyi açığa çıkarır. Gündüz insanı ayakta tutan şey hareketin kendisidir: koridorlar, anonslar, evraklar, "birazdan"lar, kapıların açılıp kapanması... İnsan, bu akışın içinde korkunun üstüne bir örtü serer; akış durduğunda örtü kayar. İlk gece, tam da budur: akışın durduğu ve korkunun çıplak kaldığı saatler.

Yusuf uyuyordu. Uykusu derin değildi ama düzenliydi; çocuk nefesi, belli belirsiz bir ritim tutturmuştu. Bazen dudakları aralanıyor, bazen kaşları hafifçe çatılıyordu. Gülten'in gözü, Yusuf'un yüzündeki bu küçük değişimlere kilitlenmişti. Evde olsa "uyuyor" der, geçerdi. Burada "uyuyor" demek yetmiyordu; "nefes alıyor", "terlemiyor", "rengi iyi" demek gerekiyordu. Annelik, bir gecede farklı bir mesleğe dönmüştü: sessiz kontrol.

Oda yarı loştu. Işığı tamamen kapatmamışlardı; hemşirelerin girip çıkması için, cihazların okunabilmesi için, "gerekirse" diye. Gerekirse kelimesi, hastanede her şeyin üstüne yapışan bir kelimeydi. Gülten bu ışığa sinirlendiğini fark etti; çünkü ışık uykuya izin vermiyordu. Sonra kendine kızdı: ışığa sinirlenmek lüksttü. Bu gece lüks yoktu. Bu gece "idare" vardı.

Gülten, Yusuf'un yatağına en yakın sandalyeye oturdu. Sandalyenin sertliğini, sırtını desteklemeyişini, dizlerine yüklenişini hissediyordu ama kalkmadı. Kalkarsa mesafe açılacaktı. Mesafe açılırsa korku büyüyecekti. Çünkü korku, boşluk sever.

Boşluk bulduğu yere yerleşir. Gülten buna izin vermemeye çalışıyordu; sandalyede oturarak, eli Yusuf'un yorganının ucuna değerek, gözünü kapatmayarak.

Kapının dışında, koridorun gecesi vardı. Ayak sesleri daha seyrek, daha keskin geliyordu. Arada bir sedye tekerleğinin sürtünmesi, bir kapının tıkırtısı, kısa bir konuşma... Sonra yine sessizlik. Bu sessizlik evdeki sessizlikten farklıydı. Evde sessizlik "güvende" demektir; hastanede sessizlik "haber gelmedi" demektir. Haber gelmemesi iyi mi kötü mü, kimse bilmez. Bilinmezlik, uykusuzluğun yakıtıdır.

Süleyman ise içeride değildi. Kurallar vardı. Refakat çizelgesi, saatler, "mevzuat". Süleyman geceyi koridorda geçirmek zorundaydı; aynı binanın içinde ama başka bir dünyanın kapısında. Bu ayrılık, duygusal bir ayrılıktı: aynı çocuğun etrafında dönüyorlar, ama aynı noktada duramıyorlardı. Süleyman bunu ilk kez bu kadar çıplak hissetti. Baba olmak, o gece, "yakında ama uzak" demekti.

Gülten, saatine bakmadı. Saat bakıldıkça gece uzardı. Bunun yerine Yusuf'un göğsüne baktı. İnip kalkmasına. Çocuğun bedeni, bir metronom gibi çalışıyordu. Gülten, o ritmin bozulmasından korktuğu için değil sadece; ritmin bozulması ihtimalinin kendi zihnini bozacağından korktuğu için de uyanıktı. Çünkü ilk gece, insanın sadece çocuğunu değil, kendi aklını da koruduğu gecedir.

Yusuf uykusunda hafifçe kıpırdadı. Gülten anında doğruldu. Elini Yusuf'un bileğine koydu. Sıcak. Canlı. "Buradayım," diye fısıldadı. Yusuf duymadı. Ama Gülten yine de söyledi. Bu cümle, çocuğu değil, korkuyu hedefliyordu: "Burada boşluk yok. Burada yalnızlık yok. Burada terk yok."

Ve o an Gülten şunu anladı: Hastanenin ilk gecesinde uyumayan sadece insanlar değil. Uykuya yatmayan şey, korkunun kendisidir. Sessizlikle beslenir, ışıkla büyür, mesafeyle güçlenir. İlk gece, o korkuya yer açmamak için verilen sessiz bir mücadeledir.

üleyman koridorun camına yaslanmıştı. Cam soğuktu. Bu soğukluk, eline değil; düşüncelerine geçiyordu. İçeride Yusuf uyuyordu, Gülten sandalyede uyanıktı. Süleyman ise tam aradaydı. Ne içerideydi ne dışarıda. İlk gecenin babaya biçtiği yer burasıydı: kapının bu tarafı.

Koridor geceleri daha uzundu. Gündüz birkaç adımda geçilen mesafe, gece kilometreye dönüşürdü. Çünkü yürümek için bir sebep yoktu. Gidilecek bir yer yoktu. Sadece beklemek vardı. Beklemek, babaya yakışan bir hâl değildi Süleyman'ın dünyasında. Baba olmak, bir şey yapmak demekti. O gece yapılacak hiçbir şey yoktu.

Bir bankta oturmadı. Oturmak, pes etmek gibi geliyordu. Ayakta kaldı. Arada bir camdan içeri baktı. Işığın loşluğunda Gülten'i seçebiliyordu. Eğilmiş hâlini, sandalyede sabit duruşunu. Bu görüntü, Süleyman'ın içini acıtıyordu. Aynı çocuğun etrafında dönüyorlardı ama aynı yükü taşımıyorlardı. Annelik, o gece çocuğun yanında kalmaktı. Babalık, kapının dışında ayakta durmaktı.

Saat ilerledikçe hastanenin sesi değişti. Ayak sesleri seyrekleşti, anonslar kısaldı. Konuşmalar fısıltıya dönüştü. Gecenin dili buydu. Süleyman bu dili öğrenmek istemediğini fark etti. Çünkü öğrenilen her şey kalıcı olurdu. Oysa bu gece geçici olsun istiyordu. Ama geçici olan şeyler bile iz bırakıyordu.

Telefonunu çıkardı. Ekrana baktı. Saat kaçtı? Önemi yoktu. Kimseyi aramadı. Aramak, birine bir şey anlatmak demekti. Anlatacak kelime yoktu. "İlk gece" denirdi ama bu iki kelime, yaşananı taşımıyordu. Bu gece, kelimelerin yetmediği bir geceydi.

Bir hemşire koridordan geçti. Süleyman'a bakmadı. Kasıtlı değildi bu bakmamak. Gecenin kuralıydı. Kimse kimseyle göz teması kurmazdı. Çünkü göz teması, soru getirirdi. Sorular ise geceleri büyürdü.

Süleyman, kapıya yaklaştı. Elini kapının koluna koymadı. Sadece yaklaştı. Kapının ardında oğlu vardı. Ama kapı, bir eşikti. Bu eşik, sadece fiziksel değildi. Kuralların, saatlerin, sistemin çizdiği bir eşikti. Süleyman o eşiği geçemediğini kabullendi. Bu kabulleniş, canını yaktı.

İçinden aynı cümle dönüp duruyordu:

"Uyuyabiliyor mu?"

Bu soru, cevabı olan bir soru değildi. Çünkü Yusuf uyusa bile, baba uyanıktı. Ve babanın uykusuzluğu, çocuğun uykusunu da huzursuz kılıyordu.

Süleyman o an şunu anladı: İlk gece, ailenin birlikte uykusuz kaldığı geceydi. Farklı yerlerde, farklı biçimlerde ama aynı korkuyla. Korku, kapının iki tarafına da eşit dağılmıştı. Sadece şekli değişmişti.

Ve gecenin ilerleyen saatlerinde, Süleyman için uykusuzluk artık bir bekleyiş değil; bir nöbetti. O kapının dışında, sessizce tutulan bir nöbet.

Gecenin en ağır saatleri, takvimde yazmaz. Saat üç ile beş arası, hastanenin gerçek yüzünü gösterir. Gündüzden kalan son sesler de çekilir, sabahın ilk hareketi de henüz başlamamıştır. Bu aralıkta zaman, askıda kalır. Yusuf uyurken geçen saatler değil; anne ve babanın uyanık kaldığı boşluk uzar.

Gülten, sandalyede doğrulduğunu fark etti. Omuzları kasılmıştı. Boynu tutulmuştu. Ama bunlar, zihnindeki ağırlığın yanında önemsizdi. Gözlerini kapatmayı denedi. Sadece birkaç saniye. Göz kapakları iner inmez görüntüler geldi. Doktorun ağzından çıkan kelime. Koridordaki anneler. Gece refakati kâğıdı. Yusuf'un "sen gidecek misin?" sorusu. Gülten hemen gözlerini açtı. Uyumak, bu görüntüleri davet etmek demekti. O görüntülere hazır değildi.

Yusuf'un nefesi değişti. Çok hafif. Gülten yine eğildi. Yorganı düzeltti. Bu hareket, Yusuf için değil; kendisi içindi. Bir şey yapmak, zihnin dağılıp dağılmasını engellerdi. Hastanenin ilk gecesinde anneler, çocuğu değil; düşüncelerini korumaya çalışırdı.

Odanın içi sessizdi ama dışarıdan sesler sızıyordu. Uzak bir kapı sesi. Metal bir tekerlek. Kısa bir öksürük. Bu sesler, evde olsaydı uykunun parçası olurdu. Burada ise alarm gibiydi. Her ses, "bir şey oldu mu?" sorusunu doğuruyordu. Ve bu soru, cevapsız kaldıkça büyüyordu.

Süleyman koridorda yürümeye başladı. Aynı birkaç metreyi ileri geri. Adımlarını saymadı ama tekrar etti. Yürümek, düşünmemek içindi. Düşünceler durmuyordu ama yön değiştiriyordu. Yürürken, zihni Yusuf'un doğduğu güne gitti. Hastane yine vardı. Ama o gece sevinç vardı. Şimdi hastane aynıydı, duygu bambaşkaydı. Süleyman bu karşıtlığı düşündükçe içi daraldı.

Camdan içeri baktı. Gülten'i gördü. Eğilmiş hâlini. O an içeri girememenin gerçek anlamını hissetti. Kapı, sadece bir kapı değildi. Bu kapı, korkunun bölüştürülme biçimiydi. Anne, korkuyu çocuğun yanında taşıyordu. Baba, korkuyu kapının dışında tutuyordu. İkisi de uykusuzdu. Ama uykusuzlukları farklıydı.

Saat dört sularında, hastane neredeyse tamamen durdu. Bu durgunluk, rahatlatıcı olmadı. Tam tersine, baskı yarattı. Çünkü hareket olmadığında insan kendi iç sesini duyardı. Süleyman kendi iç sesini duydu:

"Ya gece kötü geçerse?" Bu soru, cevap istemiyordu. Bu soru, uyanık kalmak için yeterliydi.

Gülten, sandalyede ellerini dizlerine koydu. Parmaklarını sıktı. O an şunu fark etti: korku artık bir ihtimal değildi. Korku, odadaydı. Sandalyenin altındaydı. Yatağın kenarındaydı. Sessizlikteydi. Korku, ses çıkarmıyordu ama varlığını hissettiriyordu.

İlk gecenin ortasında, anne ve baba şunu anladı: Uykusuzluk bir yan etki değil, bir savunma biçimiydi. Uyursan kaçırırsın. Uyursan kontrolü bırakırsın. Uyursan korku kazanır.

Bu yüzden uyumadılar. Ve bu uykusuzluk, gecenin kendisi oldu.

Sabaha karşı saatler, gecenin geri kalanından farklı işler. Korku aynı kalır ama biçim değiştirir. Akşam korkusu keskindir; "ya olursa" diye sorar. Sabaha karşı korku yorulmuştur; artık "olduysa bile" diye fısıldar. Bu fısıltı, insanın direncini daha çok tüketir.

Gülten'in gözleri yanıyordu. Yanma, uykusuzluktan değil; uykusuzluğun getirdiği odaklanmadan geliyordu. Saatlerdir aynı noktaya bakmıştı: Yusuf'un göğsüne. Nefes alıp verişine. Göğüs her kalktığında rahatlıyor, her inişinde yeniden geriliyordu. Bu ritim, Gülten'in kendi nefesini bile unutturmuştu. Kendi bedenini değil, oğlunun bedenini taşıyordu sanki.

Yusuf bir an mırıldandı. Anlaşılmayan bir kelime. Belki rüyaydı, belki sadece uyku sesi. Gülten'in kalbi hızlandı. Eliyle Yusuf'un saçlarını okşadı. Okşama, uyandırmamak içindi ama aynı zamanda kontrol etmek içindi. Saçlar yumuşaktı. Alnı sıcaktı. "Buradasın," diye düşündü. Bu düşünce, cümleye dönüşmedi. Çünkü sabaha karşı cümle kurmak zordu. Cümleler dağılıyordu.

Koridorda Süleyman bir sandalyeye oturduğunu fark etti. Ne zaman oturduğunu bilmiyordu. Ayakta durmak yorucu hâle gelmişti. Yorgunluk, gece boyunca ertelenmişti ama sabaha karşı bedene ulaşmayı başarmıştı. Süleyman başını duvara yasladı.

Gözlerini kapatmadı. Kapamak istemedi. Göz kapamak, içeriye bakmak demekti. İçeri bakmak ise riskliydi.

Hastanenin sabaha karşı sesi farklıydı. Bir temizlik arabası geçti. Bezlerin sesi duyuldu. Bu ses, ilk kez "sabah geliyor" duygusunu getirdi. Ama rahatlatmadı. Sabah, çözüm demek değildi. Sabah sadece nöbet değişimi demekti. Korku, nöbet devretmiyordu.

Gülten saatine baktı. İlk kez. Saat altıya yaklaşıyordu. Bu bakış, bir hedefe değil; bir dayanma çizgisine işaret ediyordu. "Biraz daha," diye düşündü. Bu "biraz", gece boyunca defalarca söylenen bir kelimeydi ama sabaha karşı farklıydı. Bu kez gerçekten bir sona yaklaşıyordu. En azından bu gecenin sonuna.

Yusuf'un nefesi derinleşti. Uykusu ağırlaştı. Çocuk bedeni, gecenin yükünü yetişkinlerden daha hızlı atabiliyordu. Bu adaletsiz bir avantaj gibiydi ama aynı zamanda bir umuttu. Gülten, bu derin nefesi duyduğunda ilk kez sandalyeye yaslandı. Omuzlarını bıraktı. Sadece birkaç saniye. Bu bile yeterliydi.

Süleyman kapıya doğru baktı. İçeri girmesine hâlâ izin yoktu ama kapının ardındaki gecenin bitmek üzere olduğunu hissetti. Bu his, sevinç değildi. Daha çok, "başardık" hissiydi. Bu geceyi atlattık. Uyuyarak değil, dayanarak.

Sabaha karşı anne ve baba aynı şeyi anladı, birbirlerine söylemeden:

Bu ilk gece, korkunun en saf hâliydi. Ne adı vardı ne sınırı. Sadece vardı.

Ve bu geceyi uyanık geçirmiş olmak, bir zafer değil; bir başlangıçtı.

Sabahın ilk ışıkları, hastaneye sessizce girdi. Işıklar birden yanmadı; pencerelerin kenarından süzüldü, duvarlara tutundu, zeminde ince bir çizgi gibi uzadı. Gülten bunu fark ettiğinde saatine bakmadı. Saatin bir anlamı yoktu artık. Gece bitmişti. Bu yeterliydi.

Yusuf hâlâ uyuyordu. Bu kez uykusu daha derindi. Nefesi düzenliydi, yüzü gevşemişti. Gülten, geceden kalan gerginliğin yavaş yavaş çözüldüğünü hissetti. Çözülmek rahatlatıcıydı ama aynı zamanda ürkütücüydü. Çünkü gevşemek, guardını indirmek demekti. Gülten guardını indirmek istemiyordu. Ama beden, zihinden önce karar vermişti.

Sandalyede geriye yaslandı. Omuzlarından bir ağırlık aktı. Bu bir rahatlama değildi; daha çok, dayanmanın mola vermesiydi. Dayanma bitmiyordu. Sadece nefes alıyordu.

Kapının dışında Süleyman, sabah vardiyasının seslerini duydu. Ayak sesleri artmıştı. Temizlik arabası bir kez daha geçti. Kısa konuşmalar başladı. "Günaydın" diyen bir ses duyuldu. Bu kelime, geceden sonra yabancı geliyordu. Gün aymıştı ama kimse gerçekten "aydınlanmış" hissetmiyordu.

Süleyman ayağa kalktı. Gece boyunca tuttuğu nöbetin bittiğini fark etti. Ama bu bir terhis değildi. Sadece vardiya değişimiydi. Babaların nöbeti bitmezdi; sadece biçim değiştirirdi. Kapıya yaklaştı. İçeri girmesine izin verildiğinde, bu küçük izin büyük bir ferahlık gibi geldi.

Odaya girdiğinde Gülten'le göz göze geldiler. Konuşmadılar. Çünkü konuşacak bir şey yoktu. Bu geceyi birlikte ama ayrı geçirmişlerdi. Aynı korkuyla, farklı yerlerde. Bakışları, kelimelerden daha fazlasını taşıyordu: "Geçti." "Buradayız." "Devam edeceğiz."

Yusuf kıpırdandı. Gözlerini açmadı ama yüzü anne ve babanın varlığını hissetmiş gibiydi. Gülten eğildi, saçlarını düzeltti. Süleyman yatağın kenarına yaklaştı. O an, ilk kez üçü aynı anda aynı yerdeydi. Bu küçük birlik, gecenin en büyük kazanımıydı.

Gülten içinden şunu düşündü:

Bu ilk geceydi. En saf, en hazırlıksız, en çıplak gece.

Bu geceden sonra uykusuzluk devam edecekti. Korku da. Ama artık korkunun bir yüzü vardı. Artık bu hastanenin sesi tanıdıktı. Artık gecenin nasıl geçtiği biliniyordu. Bilmek, korkuyu yok etmezdi ama çerçevelerdi.

Süleyman pencereye baktı. Gün başlamıştı. İnsanlar işe gidiyordu. Hayat akıyordu. Bu akışa kızmadı. Çünkü hayatın akması, onların durduğu anlamına gelmiyordu. Onlar da akacaktı. Başka bir ritimde, başka bir tempoda ama akacaktı.

İlk gecenin sonunda, anne ve baba aynı sessiz anlaşmaya vardı:

Bu uykusuzluk bir zayıflık değil.

Bu uykusuzluk, çocuğun etrafında tutulan bir nöbettir.

Ve o nöbet, artık bitmeyecek.

Baba ve Defter – Kayıt Tutmaya Başlamak

İlk geceden sonra Süleyman uyumadı. Uykusuzluk bitmemişti ama biçim değiştirmişti. Artık gözleri kapanmıyor değildi mesele; zihni durmuyordu. Zihin, durmadığında bir şey ister. Süleyman'ın zihni de bir şey istiyordu: düzen.

O sabah hastanenin alt katındaki küçük büfeden bir defter aldı. Ne özel bir defterdi ne de gösterişli. Kapak rengi sıradandı. Sayfaları çizgiliydi. Kalınlığı orta halliydi. Bu sıradanlık, Süleyman'ın hoşuna gitti. Bu defter, bağırmayacaktı. Dikkat çekmeyecekti. Ama taşıyacaktı.

Defteri eline aldığında bir an durdu. Neden aldığını kendine açıklamak istedi ama kelime bulamadı. "Yazmak için" demek yetmiyordu. Çünkü yazmak, bazen kaçıştır. Süleyman kaçmak istemiyordu. O, tutmak istiyordu. Tutmak, kaybolmasını engellemek demekti.

İlk sayfayı açtı. Tarihi yazdı. Gün, ay, yıl. Bu kadar. Henüz cümle yoktu. Tarih, bir çiviydi. O günü duvara asmak için. Duvara asılan günler unutulmazdı.

Bir süre kalemi elinde tuttu. Yazmadı. Çünkü yazmak, karar vermek demekti. Karar ise sorumluluk. Süleyman o sorumluluğu almadan önce emin olmak istedi: Bu defter bir günlük olmayacaktı. Bu defter, iç dökmeyecekti. Bu defter, duyguların döküldüğü bir yer olmayacaktı. Çünkü duygular akardı. Oysa Süleyman'ın ihtiyacı olan şey, akmayan bir şeydi.

Koridordan sesler geliyordu. Hemşireler, anonslar, ayak sesleri. Süleyman defteri kapattı. Sonra tekrar açtı. İlk cümleyi yazdı:

"Saat 09.40 – Refakat çizelgesi değişmedi."

Bu cümlede duygu yoktu. Ama anlam vardı. Değişmeyen bir şeyin kaydıydı bu. Süleyman yazdıkça fark etti: Değişmeyen şeyler, insanı en çok yoran şeylerdi. Ve bu yorgunluk, kayda değerdi.

Bir satır daha ekledi:

"Anne refakati gece 22.00'de sonlandırıldı."

Kim sonlandırdı? Neden? Nasıl? Bu sorular yazılmadı. Çünkü Süleyman, şimdilik sadece olanı yazmak istiyordu. Yorum sonra gelecekti. Eğer gelirse.

Defterin sayfasına bakınca bir şey hissetti: ilk kez kontrol hissi. Küçük, kırılgan ama gerçek. O ana kadar her şey başkalarının söylediği saatlere, başkalarının çizdiği sınırlara bağlıydı. Şimdi ise bir şey Süleyman'a bağlıydı. Kalem.

Gülten yanına geldi. Defteri gördü. Bir şey sormadı. Çünkü defter, soru sormazdı. Defter, cevap beklemezdi. Defter, sadece orada olurdu.

"Yazıyor musun?" dedi.

Süleyman başını salladı.

"Unutmamak için."

Bu cevap doğruydu ama eksikti. Unutmamak yetmezdi. Hatırlamak da yetmezdi. Bir gün, anlatmak gerekecekti. Anlatmak için ise kayıt şarttı.

Süleyman bunu henüz açıkça düşünmüyordu. Ama içindeki sezgi şunu söylüyordu:

Yaşanan şeyler rastlantı değil. Ve rastlantı olmayan şeyler yazılmalı.

Defter, o an bir eşya olmaktan çıktı. Bir araç oldu. Henüz bir mücadele değil. Ama mücadelenin ilk sessiz adımı.

Süleyman defteri cebine koymadı. Çantaya da koymadı. Defter, elinin altında olmalıydı. Çünkü artık defter, ihtiyaç hâline gelmişti. Bir şey olduğunda değil; *olduğu anda* açılmalıydı. O sabah bunu fark etti. Yazmak, gecikirse anlamını yitiriyordu. Çünkü geciken kayıt, başkasının diliyle şekillenirdi.

Koridorda yürürken bir konuşmaya kulak misafiri oldu. Bir baba, hemşireye bir şey anlatıyordu. Sesini yükseltmiyordu ama cümleleri netti. "Dün böyle denmişti," diyordu. "Bugün farklı." Hemşire dinledi. Başını salladı. "Sistemde öyle görünüyor," dedi. Cümle kapandı. Konu kapandı.

Süleyman durdu. Defteri açtı. Tarihin altına yeni bir satır ekledi:

"Saat 10.15 – Aynı durum için farklı açıklamalar."

Bu kez yazarken eli titremedi. Çünkü yazdığı şey, bir his değil; bir çelişkiydi. Çelişkiler, kayda girmeyi hak ederdi. Süleyman bunu sezgisel olarak biliyordu.

Bir süre sonra fark etti ki defterin dili değişiyordu. İlk satırlar kuru, neredeyse mekanikti. Saat, tarih, cümle. Ama satırlar çoğaldıkça bir yapı oluşuyordu. Olanlar, birbirine bağlanıyordu. Dünle bugün arasında bir çizgi belirmeye başlamıştı.

Gülten yanına geldiğinde deftere bir kez daha baktı.

"Her şeyi mi yazıyorsun?" diye sordu.

"Her şeyi değil," dedi Süleyman.

"Tekrar edenleri."

Bu cümle, defterin amacını netleştiriyordu. Tekrar eden şeyler, sistemin dilini ele verirdi. Tekil olaylar açıklanabilirdi. Ama tekrar, niyetti.

Öğle saatlerinde bir görevli geldi. Bilgilendirme yaptı. Kısa, standart bir konuşma. Süleyman dinledi. Sonra defterine yazdı:

"Bilgilendirme: genel, kişisel detay yok."

Bu satır, küçük görünüyordu. Ama Süleyman için önemliydi. Çünkü bu, kişisel bir hikâyenin nasıl genelleştirildiğinin kaydıydı. Kayıtlar biriktikçe, resim netleşiyordu: burada mesele Yusuf değildi. Yusuf, bu düzenin içindeki yüzlerden biriydi.

Defteri yazdıkça Süleyman şunu fark etti: Yazmak onu daha az öfkeli yapıyordu. Öfke, dağınıktı. Yazı ise düzenliydi. Düzenlenen öfke, enerjiye dönüşüyordu. Bu enerji bağırmaya değil; anlamaya yarıyordu.

Bir satır daha ekledi:

"Anne refakati sorunu diğer odalarda da mevcut."

Bu cümle, defterde ilk kez "diğerleri"ni işaret ediyordu. Defter, Yusuf'un etrafından çıkıp koridora yayılıyordu. Bu yayılma, Süleyman'ın içinde yeni bir farkındalık yarattı: yaşananlar kişisel bir kader değil; paylaşılan bir deneyimdi.

Defteri kapattığında içi daha sakindi. Sorunlar çözülmemişti. Kurallar değişmemişti. Ama artık her şey uçucu değildi. Havada asılı kalmıyordu. Sayfalara inmişti.

Ve Süleyman şunu anladı:

Bu defter, cevap üretmiyordu. Ama doğru soruları biriktiriyordu.

Bu, ileride çok işe yarayacaktı.

Süleyman, defterin üçüncü gününde bir kelime ekledi sayfalara: tanık. Bu kelimeyi özellikle seçti. Çünkü yazdıkları artık yalnızca yaşananların sırası değildi; yaşananların görüldüğünün kanıtıydı. Tanık olmak, orada bulunmaktan farklıydı. Orada bulunmak pasifti. Tanık olmak ise sorumluluk taşırdı.

İlk tanık, kendisiydi. Ama kısa sürede bunun yeterli olmadığını fark etti. Çünkü sistem, tek bir tanığın sesini kolayca bastırırdı. "Yanlış anlamışsınız" derdi. "Size öyle gelmiştir" derdi. O yüzden defterin dili değişmeye başladı. Saatlerin yanına isimler eklendi. İsimler net değildi; baş harflerdi. Ama vardı.

"Saat 14.20 – Hemşire A., refakat kuralının değişmeyeceğini söyledi."

"Saat 16.05 – Görevli M., farklı bir uygulamadan bahsetti."

Bu satırlar, defteri başka bir yere taşıdı. Artık sadece "ne oldu" değil, "kim söyledi" de vardı. Süleyman bunu yazarken bir an duraksadı. İsim yazmak, kişiselleştirmekti. Kişiselleştirmek, hedef almak gibi algılanabilirdi. Ama sonra şunu düşündü: İsim yazmak, suçlamak değildi. İsim yazmak, belirsizliği dağıtmaktı.

Gülten deftere baktığında bu değişimi fark etti.

"Bunu yapmak zorunda mısın?" diye sordu.

Süleyman başını kaldırdı.

"Zorunda değilim," dedi. "Ama başka türlü dağılır."

Bu "dağılır" kelimesi, çok şeyi anlatıyordu. Dağılırsa unutulur. Unutulursa tekrar eder. Tekrar ederse normalleşir. Süleyman, normalleşmeye izin vermemek istiyordu.

Koridorda geçen konuşmalar artık Süleyman'ın kulağında başka türlü yankılanıyordu. Daha önce "böyle denmişti" gibi geçen cümleler, şimdi potansiyel kayıtlardı. Süleyman duyduklarını hemen yazmıyordu. Önce dinliyordu. Dinlemek, yazmanın ön şartıydı.

Bir baba yanına yaklaştı. Sessizce.

"Bir yere not alıyor musun?" diye sordu.

Süleyman defteri gösterdi.

"Evet."

Baba başını salladı. "Ben de tutmalıyım," dedi.

Bu cümle, defterin üçüncü dönüşümünü başlattı. Defter artık yalnız değildi. Başkalarının da elinde olabilecek bir şeydi. Bir alışkanlık. Bir yöntem.

O gün Süleyman defterine yeni bir satır ekledi:

"Tanıklar çoğalıyor."

Bu cümle, teknik değildi. Ama güçlüydü. Çünkü güç, çoğalmaktan gelirdi. Süleyman artık şunu biliyordu: Tek başına yazmak bir savunmaydı. Birlikte yazmak ise potansiyel bir talepti.

Defter, sessizce büyüyordu. Sayfalar doldukça ağırlığı artıyordu. Ama bu ağırlık, çantada değil; Süleyman'ın duruşundaydı. Daha dik duruyordu. Daha sakin konuşuyordu. Çünkü elinde bir şey vardı. Bağırmayan ama kaybolmayan bir şey.

Ve o an fark etti:

Bu defter, geleceğe bırakılan bir izdi. Henüz bir yasa değildi. Ama yasaya giden yolun ilk taşlarından biriydi.

Defter, Süleyman'ın elinde kaldıkça değişti. Değişen şey kapağı ya da sayfaları değildi; defterin muhatabıydı. Başta yalnızca kendisi için yazıyordu. Sonra Yusuf için yazdığını fark etti. Şimdi ise yazdıklarının, odadaki herkesle ilgili olduğunu seziyordu. Bu fark ediş, defterin ağırlığını artırdı ama aynı zamanda anlamını da derinleştirdi.

Bir öğleden sonra, koridordaki bankta otururken yanına başka bir baba oturdu. Sessizce. İkisi de konuşmadı. Hastanelerde konuşmak çoğu zaman gereksizdir; çünkü herkes aynı cümlelerin içinde döner durur. Bir süre sonra baba deftere baktı.

"Yazdıklarını saklayacak mısın?" diye sordu.

Bu soru, Süleyman'ı durdurdu. Saklamak... Defteri saklamak mıydı niyeti? O ana kadar bunu düşünmemişti. Yazmak, biriktirmekti. Ama saklamak, yön tayin etmekti.

"Evet," dedi. "Ama sadece kendim için değil."

Bu cevap, Süleyman'ı da şaşırttı. Çünkü ilk kez defterin geleceğini düşünüyordu. Defterin bir gün birilerine gösterilebileceğini. Belki bir doktora, belki bir yöneticiye, belki de hiç tanımadığı birine. Bu ihtimal, defteri bir eşya olmaktan çıkarıyordu.

Aynı gün Gülten, defteri alıp sayfaları çevirdi. Yazılanlar düzenliydi. Tarihler, saatler, cümleler. Gözyaşı yoktu. Öfke yoktu. Ama her satırda bir gerilim vardı. Gülten başını kaldırdı.

"Bunu okuyan biri," dedi, "bizim yaşadığımızı anlayabilir mi?"

Süleyman düşündü. "Anlamak zorunda değil," dedi. "Görmesi yeter."

Bu cümle, defterin dördüncü dönüşümünü tanımlıyordu. Defter, empati talep etmiyordu. Görünürlük talep ediyordu. Görünür olan şeyler, yok sayılmazdı. En azından bu kadar kolay yok sayılmazdı.

Defterde artık "biz" dili belirmeye başladı. Süleyman bunu fark edince duraksadı. Çünkü "biz" demek, tekil hikâyeden çıkmak demekti. Ama defterin gittiği yer orasıydı.

"Bugün üç aile refakat saatleri nedeniyle ayrıldı."

"Aynı uygulama farklı odalarda tekrarlandı."

Bu cümleler, artık sadece bir baba notu değildi. Bunlar bir tabloydu. Ve tablolar, tek bir kişinin başına gelmiş gibi gösterilemezdi.

Süleyman defteri kapattığında içindeki korku değişmişti. Korku artık "ya başımıza gelirse" değildi. "Böyle devam ederse" olmuştu. Bu fark, korkuyu daha somut ama daha yönetilebilir kılıyordu.

Bir hemşire, Süleyman'ın defteri tuttuğunu fark etti. Bir an baktı. Bir şey söylemedi. Bu sessizlik, Süleyman için önemliydi.

Çünkü defter fark edilmişti. Ve fark edilen şeyler, bir noktadan sonra dikkate alınırdı.

Süleyman o gün deftere son bir cümle ekledi:

"Bu kayıtlar yalnız kalmamak içindir."

Bu cümle, defterin kalbini özetliyordu. Yazmak, güçlü olmak için değil; yalnız olmamak içindi. Yalnız olmayan insanlar, daha uzun dayanırdı. Daha uzun dayananlar ise bir gün değiştirirdi.

Ve defter, sessizce bu ihtimali büyütüyordu.

Defter bir noktadan sonra kapanmadı. Süleyman sayfayı çeviriyor, yazıyor, sonra tekrar çevirip eski satırlara bakıyordu. Bu geri dönüşler tesadüf değildi. Çünkü yazmak kadar, yazdıklarını görmek de önemliydi. Sayfalar doldukça, tek tek yaşananların bir çizgi oluşturduğunu fark etti. O çizgi, bir tesadüf çizgisi değildi. Aynı yerlerden geçen, aynı noktalarda tıkanan bir yoldu bu.

Süleyman ilk kez deftere başlık attı. Büyük harflerle değil. Göze sokmadan. Sayfanın üstüne küçük ama net bir cümle yazdı:

"Tekrar Edenler."

Bu başlık, defterin kaderini belirledi. Artık notlar rastgele değildi. Alt alta gelen her madde, bir örüntü oluşturuyordu. Saatler, açıklamalar, çelişkiler, ayrılıklar... Hepsi bir araya geldiğinde tek bir şeyi söylüyordu: Bu yaşananlar kişisel hatalar zinciri değil, kurumsal bir alışkanlıktı.

O gün deftere şunları yazdı:

"Aynı kural, farklı aileler." "Aynı saat, aynı ayrılık." "İtiraz yok, çünkü yöntem yok."

Bu satırlar, Süleyman'ın zihnindeki son parçayı yerine oturttu. İnsanlar itiraz etmiyordu çünkü itiraz edecek bir araçları yoktu. Ses vardı ama kayıt yoktu. Öfke vardı ama iz yoktu. Defter, bu boşluğu dolduruyordu.

Gülten deftere baktı. Bu kez uzun uzun.

"Bunu bir gün birine gösterecek misin?" diye sordu.

Süleyman cevap vermeden önce düşündü. Bu soru artık kaçınılmazdı.

"Evet," dedi sonunda. "Gerekirse."

Bu "gerekirse", bir tehdit değildi. Bir niyet de değildi henüz. Daha çok bir kapıydı. Açılabilir bir kapı. O kapının ardında ne olduğu belli değildi ama kapının varlığı bile Süleyman'ı güçlendiriyordu.

O akşam defteri kapatırken elini kapağın üzerinde tuttu. Kapağın sıradanlığına baktı. Bu sıradanlık, defterin en güçlü tarafıydı. Çünkü sıradan şeyler dikkat çekmeden ilerlerdi. Büyük laflar etmez, büyük sahneler istemezdi. Ama doğru zamanda ortaya çıktığında durdurulamazdı.

Süleyman o an şunu çok net hissetti:

Bu defter bir dilekçe değildi. Bu defter bir isyan da değildi.

Bu defter, kanıttı.

Kanıt, bağırmazdı. Kanıt, ikna etmeye çalışmazdı. Kanıt, orada dururdu. Ve zamanı geldiğinde konuşurdu.

O gün defterin sonuna küçük bir not düştü. Tarih attı. Altına tek bir cümle yazdı:

"Bu kayıtlar, değişmesi gereken bir şey olduğunu gösteriyor."

Bu cümle, henüz bir yasa değildi. Ama yasa, böyle cümlelerden doğardı.

Süleyman defteri çantasına koydu. Bu kez cebinde değil. Çünkü defter artık kişisel bir eşya olmaktan çıkmıştı. Taşınacak bir sorumluluk hâline gelmişti.

Ve bu sorumluluk, ileride bir gün adını alacaktı.

Ama o gün gelene kadar, defter yazılmaya devam edecekti.

Sessizce. Israrla. Kaybolmasına izin vermeden.

BÖLÜM IV – TEDAVİ VE DİRENİŞ

İlk Kemoterapi – Bedende Savaş

Kemoterapi kelimesi, söylenmeden önce bile odadaydı. Yusuf kelimeyi bilmiyordu ama kelimenin ağırlığını hissediyordu. Çünkü bu sabah hastaneye gelişleri önceki günlerden farklıydı. Kimse "birazdan biter" demiyordu. Kimse süreci küçültmeye çalışmıyordu. Yüzlerdeki ciddiyet, Yusuf'un dikkatini çekmişti.

Oda aydınlıktı. Fazla aydınlık. Gülten bu ışığı sevmedi. Çünkü ışık, saklanacak yer bırakmıyordu. Yusuf yatağa oturduğunda etrafına baktı. Serum askısı, hortumlar, plastik torbalar... Bunların hiçbiri oyun değildi. Oyunlarda dehşet olmazdı; burada vardı.

"Bu ne kadar sürecek?" diye sordu Yusuf.

Bu soru, çocukların zor sorularından biriydi. Çünkü cevap, sayıyla verilemiyordu. Gülten eğildi. Yusuf'un göz hizasına indi.

"Bir süre," dedi. Bu "bir süre", belirsizdi ama dürüsttü.

Hemşire geldi. Eli hızlıydı ama yüzü sakindi. Yusuf'un koluna yaklaştı. Yusuf refleksle kolunu çekti. Bu ilk dirençti. Bedenin "hayır" demesiydi. Gülten hemen oğlunun elini tuttu. Sıkı değil. Kaçamayacağı kadar değil. Sadece yalnız olmadığını hissettirecek kadar.

"Canı yanacak mı?" diye sordu Yusuf.

Hemşire cevap vermedi. Gülten cevap verdi.

"Biraz."

Bu "biraz", daha önce söylenen "biraz"lardan farklıydı. Bu kez "biraz"ın ardında bir savaş vardı. Yusuf bunu hissetti. Gözlerini kapattı. Ama kaçmadı. Kaçmamak, o an için büyük bir cesaretti.

İğne girdiğinde Yusuf nefesini tuttu. Bedeni gerildi. Gözleri açıldı. Gözlerinde yaş yoktu ama şaşkınlık vardı. Şaşkınlık, ilk temastı. Bedene giren yabancı bir şeyin yarattığı şaşkınlık.

Süleyman kapının yanında duruyordu. Oturmamıştı. Oturmak, bu sahneyi kabullenmek gibi geliyordu. Ayakta kaldı. Donuktu. Bu donukluk, ilgisizlikten değil; aşırı farkındalıktan geliyordu. Gördüğü her şeyi zihnine kazıyordu. Çünkü bu ilk an, unutulmayacaktı.

Serum akmaya başladığında zaman yavaşladı. Damla damla akan sıvı, Yusuf'un bedenine giriyordu. Yusuf bu akışı izledi. Gülten de. Süleyman da. Üçü de aynı şeye bakıyordu ama üçü de farklı bir şey görüyordu.

Yusuf için bu, anlamını bilmediği bir saldırıydı.

Gülten için bu, çaresizlikle kabul edilmiş bir umut biçimiydi.

Süleyman için ise bu, kontrolün tamamen elden çıktığı andı.

Yusuf bir süre sonra başını Gülten'in omzuna yasladı. Bu hareket, yorgunluktan değildi. Güven arayışıydı. Gülten oğlunun saçlarını okşadı. Elinin titrediğini fark etti ama durdurmadı. Titremek, bu savaşta ayıp değildi.

"Anne," dedi Yusuf fısıltıyla.

"Bu beni iyileştirecek mi?"

Bu soru, odanın merkezine düştü. Gülten cevap vermedi. Çünkü cevabı bilmiyordu. Bilmediğini söylemek istemedi. Ama yalan da söylemek istemedi.

"Biz bunun için buradayız," dedi sonunda.

Bu cümle, kemoterapiyi tanımlamıyordu. Ama mücadeleyi tanımlıyordu.

İlk kemoterapi, bir tedavi değildi sadece. Bir ilan gibiydi. Bedenle yapılan açık bir savaş ilanı.

Ve bu savaş, sessizce başlamıştı.

Saatler ilerledikçe Yusuf'un bedeni, odaya asılı damlalardan daha fazla şey söylemeye başladı. İlk başta sessizdi. Gözleri açık, bakışı sabitti. Sonra bakışlar dağıldı. Damla damla akan sıvı, sadece bedenine değil, hâline de giriyordu. Yusuf'un yüzü soldu. Rengi değişti. Bu değişim, yavaş olduğu için daha ürkütücüydü. Hızlı olan şeyler geçerdi; yavaş olanlar yerleşirdi.

Gülten sandalyede oturuyor ama oturduğunu hissetmiyordu. Omuzları kasılmış, sırtı öne doğru eğilmişti. Bedeni, oğlunun bedenine doğru yönelmişti sanki. Arada bir Yusuf'un alnına dokunuyor, saçlarını düzeltiyor, yorganını çekiyordu. Bu hareketler işe yarıyor muydu bilmiyordu. Ama hareketsiz kalmak daha kötüydü. Hareket etmek, hâlâ bir şey yapabildiğini kanıtlıyordu.

"Mideme bir şey oluyor," dedi Yusuf.

Bu cümle, kemoterapinin Yusuf'un diline çevrilmiş hâliydi. Teknik bir tarif değildi. Ama gerçeğin tam ortasındaydı. Gülten hemen eğildi. "Birazdan geçer," dedi. Ama bu "birazdan" artık kendisine de inandırıcı gelmiyordu.

Hemşire geldi. Serum hızını kontrol etti. Not aldı. Yusuf'a baktı. Yusuf gözlerini kaçırdı. Bu bakış kaçırma, utançtan değil; güçsüzlükten geliyordu. Çocuklar, güçsüz hissettiklerinde bakışlarını saklardı.

Süleyman hâlâ ayaktaydı. Saatlerdir. Oturmamıştı. Oturmak, bu manzarayı kabullenmek demekti. Oysa Süleyman henüz kabullenmeye hazır değildi. Donuktu. Yüz kasları sertti. Bu sertlik, ağlamayı engelleyen bir kilit gibiydi. Kilit açılırsa, her şey dökülebilirdi.

Bir an için Yusuf'un gözleri doldu. Ağlamadı. Ama doldu. Bu doluluk, Gülten'i parçaladı. Çünkü ağlamak rahatlatırdı. Dolup kalmak ise acıyı içeride büyütürdü.

"Anne," dedi Yusuf.

"Bunu istemiyorum."

Bu cümle, tedavinin kalbine atılmış bir taş gibiydi. İstemiyorum. Bu savaşın rızası yoktu. Gülten ne diyeceğini bilemedi. "İstemesen de olacak" demek istemedi. "Geçecek" demek istemedi. Yalan söylemek istemedi.

"Biliyorum," dedi sadece.

Bu tek kelime, Yusuf'un yalnız olmadığını söylüyordu.

Süleyman başını çevirdi. Pencereye baktı. Dışarıda hayat devam ediyordu. Arabalar geçiyor, insanlar yürüyordu. Bu devamlılık, Süleyman'ı öfkelendirmedi. Daha çok sersemletti. Çünkü burada zaman durmuştu. Orada ise akıyordu.

Saatler sonra Yusuf'un bedeni yoruldu. Başını Gülten'in kucağına koydu. Bu kez güven değil; tükenmişlikti. Gülten'in içi çöktü. Çünkü tükenmiş bir çocuk görmek, anneliğin en ağır sınavlarından biriydi.

"Baba," dedi Yusuf çok kısık bir sesle.

"Ben iyi miyim?"

Bu soru, Süleyman'ın kilidini zorladı. Cevap vermesi gerekiyordu. Ama kelime bulamadı. Çünkü "iyi" kelimesi, o an için çok büyüktü.

"Buradayız," dedi.

Bu cümle, bir tedavi açıklaması değildi. Ama bir cephe ilanıydı.

Kemoterapi ilerledikçe, bedenle savaşın ilk kayıpları ortaya çıkıyordu. Güç, iştah, neşe... Hepsi geri çekiliyordu. Ama geri çekilen her şeyin yerine başka bir şey geliyordu: dayanma.

Ve bu dayanma, ilk kez Yusuf'un bedeninde görünür olmuştu.

Kemoterapinin üçüncü saatine gelindiğinde, Yusuf'un bedeni artık sessiz kalmıyordu. Sessizlik, yerini küçük tepkilere bırakmıştı. Önce dudakları kurudu. Sonra yüzünü buruşturdu. Gözlerini kapattı ama uyumadı. Uyku gelmiyordu. Çünkü beden, uyanık kalmak zorundaydı. Savaşan bedenler uyumazdı.

"Üşüyorum," dedi Yusuf.

Odanın sıcaklığı değişmemişti. Ama Yusuf'un iç dengesi değişmişti. Gülten hemen yorganı biraz daha çekti. Elini oğlunun koluna koydu. Tenine dokundu. Bu dokunuş, sıcaklık vermek için değil; hâlâ temas kurabildiklerini hatırlamak içindi. Temas kesilirse, savaş daha yalnız olurdu.

Hemşire tekrar geldi. Bu kez daha uzun kaldı. Yusuf'a baktı, not aldı, bir şeyler ayarladı. Konuşurken sesi yumuşaktı ama yüzünde alışılmışlık vardı. Bu alışılmışlık, Gülten'in canını acıttı. Çünkü onun için bu an, hayatının en ağır anlarından biriydi. Başkaları için ise bu, günün bir parçasıydı.

"Normal," dedi hemşire.

Bu kelime, Gülten'in içini deldi. Normal neydi? Normal, çocuğun canının yanması mıydı? Normal, gözlerin donuklaşması mıydı? Ama itiraz etmedi. Çünkü bu "normal", bir açıklama değil; bir prosedürdü.

Yusuf'un midesi bulandı. Bu kez saklayamadı. Gözleri doldu. Gülten onu yan yatırdı. Elini tuttu. Süleyman bir adım attı ama durdu. Müdahale edecek bir yeri yoktu. Babanın bu sahnedeki yeri, çaresizliğin kenarıydı.

"Geçecek mi?" diye sordu Süleyman.

Hemşire başını salladı. "Evet," dedi.

Ama "ne zaman" demedi. Çünkü "ne zaman", kimsenin net cevap veremediği bir soruydu.

Yusuf ağlamadı. Ama gözlerinden bir damla yaş aktı. Sessizce. Bu sessiz ağlama, Gülten'i sarstı. Çünkü sesli ağlamaya hazırlanmıştı. Ama bu sessizlik, daha ağırdı. Sanki Yusuf, bedeninin içinden ağlıyordu.

"Anne," dedi.

"Sanki içimde kavga var."

Bu cümle, kemoterapinin en doğru tanımıydı. Ne kitapta yazardı ne broşürde. Ama gerçek buydu. Gülten bu cümleyi duyduğunda başını eğdi. Gözyaşları düştü ama Yusuf'a göstermedi. Çünkü bu savaşta, annenin gözyaşı çocuğa ağır gelirdi.

Süleyman bir köşede duruyordu. Elleri cebindeydi. Omuzları sertti. Donuktu. Bu donukluk, sevgisizlikten değil; dağılmamak içindi. Eğer dağılırsa, bir daha toparlanamayacağını hissediyordu. O yüzden donuyordu.

Saat ilerledikçe Yusuf'un bedeni daha da ağırlaştı. Konuşmaları seyrekleşti. Göz kapakları düştü ama uykuya teslim olmadı. Beden, savaşın ortasında uykuya izin vermiyordu.

Gülten içinden şunu geçirdi:

Bu tedavi, iyileştirmek için yapılan bir incitmeydi.

Bu düşünce, onu parçaladı. Ama aynı zamanda ayakta tuttu. Çünkü bu incitmenin bir amacı vardı. Amaç, çocuğu yaşatmak.

Kemoterapinin ortasında herkes şunu anladı:

Bu savaş, sadece hastalığa karşı değildi.

Bu savaş, bedeni ayakta tutmak için verilen bir iç mücadeleydi.

Ve bu mücadele, sessiz ama acımasızdı.

Kemoterapinin sonuna yaklaşıldığında odanın havası ağırlaştı. Saatlerdir aynı ışık, aynı damla sesi, aynı bekleyiş... Zaman ilerlemişti ama kimse ilerlediğini hissetmiyordu. Yusuf'un bedeni yorulmuştu. Yorgunluk, göz kapaklarından değil; duruşundan okunuyordu. Omuzları düşmüş, başı öne eğilmişti. Sanki beden, savaşın yükünü taşımakta zorlanıyordu.

"Artık çok yorgunum," dedi Yusuf.

Bu cümle, ağrının değil; tükenmişliğin cümlesiydi. Gülten'in içi bu cümleyle çöktü. Çünkü yorgunluk, geçici bir şey değildi burada. Yorgunluk, bir sürecin habercisiydi. Daha başındaydılar ve Yusuf şimdiden yorulmuştu.

Gülten eğildi. Oğlunun yüzünü ellerinin arasına aldı. Gözlerine baktı.

"Biliyorum," dedi.

Bu kez teselli etmedi. Güç vermedi. Sadece eşlik etti. Çünkü bazen annelik, düzeltmek değil; birlikte dayanmak demekti.

Süleyman köşede duruyordu. Saatlerdir aynı yerde. Donukluğu sertleşmişti. Ama bu sertlik çatlamaya başlamıştı. Yusuf'un "çok yorgunum" demesi, Süleyman'ın içindeki kilidi zorladı. Çünkü bu cümle, çocuğun ilk kez açıkça pes etmeye yaklaştığını gösteriyordu.

Süleyman bir adım attı. Sonra bir adım daha. Yatağın yanına yaklaştı. Diz çöktü. Yusuf'un göz hizasına indi. Bu hareket, Süleyman için zordu. Çünkü diz çökmek, gücünü yere bırakmak gibiydi.

"Baba," dedi Yusuf, sesi neredeyse duyulmayacak kadar kısıktı.

"Ben bunu her zaman yapacak mıyım?"

Bu soru, Süleyman'ın donukluğunu kırdı. İlk kez yüzü değişti. Kaşları çatıldı. Gözleri doldu ama ağlamadı. Çünkü o an ağlamak istemedi. O an, ayakta durmak istiyordu.

"Hayır," dedi net bir sesle.

"Her zaman değil."

Bu cevap, bir garanti değildi. Ama bir yön gösteriyordu. Yusuf başını salladı. Bu, cevapla yetinmekti. Çocuklar bazen büyüklerin veremediği kesinliklerle yetinirdi.

Serumun sonuna yaklaşılıyordu. Damla hızı yavaşladı. Bu yavaşlama, odada bir gevşeme yarattı. Ama bu gevşeme rahatlatıcı değildi. Daha çok, savaşın ilk raundunun bittiğini haber veren bir duraksamaydı.

Gülten'in elleri titremeye başladı. Saatlerdir tuttuğu kontrol, yavaş yavaş çözülüyordu. Kontrol çözülünce duygular yükseldi. Gözyaşları geldi ama yine durdurdu. Çünkü Yusuf hâlâ uyanıktı. Annenin gözyaşı, çocuğun omzuna yük olurdu.

Hemşire geldi. "Bitiyor," dedi.

Bu tek kelime, odanın içindeki havayı değiştirdi. Bitiyor... Bu kelime umut taşıyordu ama aynı zamanda bir uyarıydı. Çünkü biten şey sadece bu seanstı. Savaş bitmemişti.

Yusuf gözlerini kapattı. Bu kez uyumak için değil; kaçmak için. Kaçmak, çocuklara yakışan bir savunmaydı. Gülten oğlunun saçlarını okşadı. Süleyman sessizce elini Yusuf'un ayağına koydu. Bu küçük temas, üç kişilik bir cephe kuruyordu.

Kemoterapinin sonuna gelinirken herkes şunu hissetti:

Bu savaşta kimse galip gelmemişti.

Ama kimse de yenilmemişti.

Ve bu, devam edebilmek için yeterliydi.

Serum bittiğinde odada belirgin bir boşluk oluştu. Damla sesi kesildi. Hortumlar durdu. Bu sessizlik, gecedeki sessizlikten farklıydı. Gece sessizliği korkuyu büyütürdü; bu sessizlik ise yorgunluğu açığa çıkarıyordu. Savaş durmuştu ama bedenin içinde izleri kalmıştı.

Yusuf hareketsizdi. Gözleri kapalıydı ama derin bir uykuda değildi. Daha çok, kendini kapatmış gibiydi. Bedenini içe doğru toplamıştı. Gülten bu hâli gördüğünde içi burkuldu. Çünkü bu, dinlenen bir çocuk hâli değildi. Bu, tükenmiş bir çocuk hâliydi.

"Bitti," dedi hemşire.

Cümle kısa, netti. Ne sevinç vardı ne de teselli. Bir bilgilendirmeydi. Hemşire düzenlemeleri yaptı, not aldı, çıktı. Oda, tekrar üç kişilik bir alana dönüştü.

Gülten sandalyeden kalktı. Dizleri titredi. İlk kez fark etti. Saatlerdir ayakta kalan bir ruhun, bedeni bırakmaya başladığını hissetti. Yatağın kenarına oturdu. Yusuf'un elini tuttu. El küçüktü. Hafifti. Ama bu hafiflik, onu rahatlatmadı. Aksine, ürküttü.

"Anne," dedi Yusuf gözlerini açmadan.

"Başım dönüyor."

Gülten hemen eğildi. "Geçer," dedi.

Bu kez bu kelimeye kendisi de inanmak istedi. Çünkü şimdi "geçmez" demek, taşıyamayacağı kadar ağırdı.

Süleyman derin bir nefes aldı. İlk kez. Saatlerdir nefes alıyordu ama derin değildi. Bu nefes, ilk kez bir duraklamayı işaret ediyordu. Yanına geldi. Yusuf'un başucuna oturdu. Elini oğlunun dizine koydu. Bu temas, gecikmişti ama yerindeydi.

"Bitti mi?" diye sordu Yusuf.

Bu soru, kemoterapiyi değil; o anı soruyordu. Süleyman cevap verdi.

"Bugünlük bitti."

Bu "bugünlük", büyük bir kelimeydi. Hem umut taşıyor hem de uyarı barındırıyordu. Yusuf başını salladı. Bu kadar bilgi yeterliydi. Çocuklar, fazlasını istemezdi.

Odanın içi yavaş yavaş toparlandı. Yastık düzeltildi. Yorgan çekildi. Küçük hareketler, büyük bir savaşın ardından yapılan düzenlemelerdi. Gülten, Yusuf'un alnını sildi. Ter vardı. Soğuk değil; sıcak bir ter. Bu ter, bedenin verdiği bir cevaptı. Gülten bunu bir işaret olarak aldı. Beden hâlâ çalışıyordu.

Süleyman o an şunu düşündü:

Bu ilk kemoterapi, bir sonuç değil.

Bir başlangıç bile değil.

Bir tanışma.

Bedenle yapılan bu tanışma, sertti. Acımasızdı. Ama gerçekti. Artık hayal edilen bir tedavi yoktu. Yaşanan bir tedavi vardı. Bedende hissedilen, zihinde iz bırakan bir gerçeklik.

Yusuf yavaşça uykuya daldı. Bu kez kaçmak için değil. Yorgunluktan. Bu uyku, gecedeki uykudan farklıydı. Daha ağırdı. Daha savunmasızdı. Ama gerçekti.

Gülten başını yatağın kenarına yasladı. Gözleri doldu ama ağlamadı. Süleyman sessizce kalktı, pencereye gitti. Dışarı baktı. Güneş hâlâ oradaydı. Gün devam ediyordu.

İlk kemoterapi bitmişti. Ama savaş bitmemişti.

Bu savaş, bedende başlamıştı. Ve bundan sonra, her hücre bu savaşın bir parçası olacaktı.

Yan Etkiler – Çocukluğun Geri Çekilişi

Kemoterapiden sonraki günler, ilk gün kadar gürültülü değildi. Ne serum sesi vardı ne de yoğun bir telaş. Ama bu sessizlik, rahatlatıcı değildi. Aksine, bedenin içinden gelen başka sesleri yükseltiyordu. Yusuf'un bedeni, ilk savaşın ardından kendine gelmiyor; kendini topluyormuş gibi görünüyordu. Ama bu toparlanma, eski hâline dönüş değildi. Daha çok, geri çekilme gibiydi.

Yusuf eskisi gibi uyanmıyordu. Sabahları gözlerini açması daha uzun sürüyordu. Açtığında ise bakışları farklıydı. Daha az meraklı. Daha az hareketli. Gülten bunu ilk fark eden oldu. Çünkü anneler, değişimi büyük işaretlerde değil; küçük kaymalarda görürdü.

Oyuncaklar yatağın kenarındaydı. Arabalar, küçük figürler, defterler... Yusuf onlara bakıyordu ama uzanmıyordu. Bu bakış, istememek değildi. Gücünün yetmemesiydi. Oyun, enerji isterdi. Yusuf'un enerjisi ise artık başka bir yere gidiyordu: dayanmak.

"Sonra oynarım," dedi bir gün. Ama o "sonra" hiç gelmedi.

Gülten bu cümleyi duyduğunda içi burkuldu. Çünkü "sonra", çocuklar için erteleme değil; umut demekti. Ama bu umut, her gün biraz daha sessizleşiyordu.

Yusuf'un bedeni değişmeye başlamıştı. Yüzü daha soluktu. Göz altları belirginleşmişti. Ama asıl değişim, hareketlerindeydi. Eskiden hızlı olan Yusuf, şimdi yavaşlamıştı. Yürürken duruyor, nefesleniyor, sonra devam ediyordu. Bu duraklamalar, Gülten'in kalbini sıkıştırıyordu. Çünkü çocukluk, duraksamayı bilmezdi.

Süleyman bu değişimi başka bir yerden izliyordu. Yusuf'un sessizliğini. Eskiden suskunluk, yaramazlığın habercisiydi. Şimdi ise yorgunluğun. Süleyman'ın içi bu sessizlikle doluyordu. Çünkü sessiz bir çocuk, babayı daha çok korkuturdu.

"Bir şey istiyor musun?" diye sordu bir akşam.

Yusuf düşündü. Uzun uzun. "Hayır," dedi sonunda.

Bu "hayır", bir reddiye değildi. Bir vazgeçişti. Vazgeçişin sesi yükselmezdi. Alçalırdı.

Yan etkiler, broşürlerde yazıldığı gibi değildi. Orada bulantıdan, halsizlikten, saç dökülmesinden bahsedilirdi. Ama broşürler şunu yazmazdı:

Çocukluğun geri çekilmesi.

Yusuf'un kahkahası azalmıştı. Gülüşü hâlâ vardı ama daha kısa sürüyordu. Bir anda kesiliyordu. Sanki beden, "fazla harcama" diye uyarıyordu. Bu uyarı, Yusuf'un ruhuna da sirayet ediyordu.

Gülten bir gün Yusuf'u izlerken şunu fark etti: Oyun oynamıyordu ama düşünüyordu. Gözleri bir noktaya takılıyor, uzun süre orada kalıyordu. Çocuklar düşünmez derlerdi. Ama Yusuf düşünüyordu. Ve bu düşünme, onu çocukluğundan uzaklaştırıyordu.

Yan etkiler başlamıştı. Ama bu kez etki, sadece bedende değildi. Ruh da geri çekiliyordu.

Ve bu geri çekiliş, sessiz olduğu için daha acı vericiydi.

Günler geçtikçe yan etkiler belirginleşti ama hiçbir zaman ani olmadı. Yusuf'un bedeni değişimi yavaş yavaş gösteriyordu; sanki her belirti, kendine yer açarak geliyordu. Bu yavaşlık, aileyi hazırlamıyordu. Aksine, sürekli tetikte tutuyordu. Çünkü ani bir şeyle baş etmek daha kolaydı. Yavaş gelen şeyler insanın içini kemirirdi.

Yusuf artık oyun saatlerini hatırlatmıyordu. Eskiden "oynayalım mı?" diye soran çocuk, şimdi sorulmamasını tercih ediyordu. Gülten bir gün oyuncakları yatağın yanından kaldırmayı düşündü. Sonra vazgeçti. Oyuncaklar orada kalmalıydı. Çünkü yoklukları, geri çekilişi daha görünür kılacaktı.

Yusuf'un midesi sık sık bulanıyordu. Ama bundan şikâyet etmiyordu. Şikâyet etmemek, güçlü olmak değildi; yorulmuş olmaktı. Gülten bunu fark ettiğinde, oğlunun iç dünyasına daha dikkatli bakmaya başladı. Çünkü sessiz kalan çocuklar, en çok orada zorlanırdı.

"Bir şey oldu mu?" diye sorduğunda Yusuf başını sallıyordu.

"Hayır," diyordu.

Ama bu "hayır", bir kapatma işaretiydi. Konuşmak istemiyordu. Konuşmak, enerjisini alıyordu.

Süleyman akşamları eve geldiğinde Yusuf'u izliyordu. Eskiden kapıya koşan çocuk yoktu. Yerinden kalkmadan başını kaldıran bir çocuk vardı. Bu küçük değişim, Süleyman'ın içini acıtıyordu. Çünkü babalık, çocuğun hareketiyle ölçülürdü. Hareket azalınca, baba kendini eksik hissederdi.

Bir akşam Yusuf koltuğa kıvrıldı. Televizyon açıktı ama bakmıyordu. Ekrandan gelen sesler, odayı dolduruyordu ama Yusuf'un içine girmiyordu. Gözleri boşluğa bakıyordu. Bu bakış, Gülten'i korkuttu. Çünkü bu, sıkılma değildi. Bu, uzaklaşmaydı.

"Kapatalım mı?" diye sordu.

Yusuf başını salladı. "Fark etmez."

Bu cümle, oyunun resmen sustuğu andı. Çocuklar için "fark etmez" demek, oyunun dilinden çıkmak demekti. Oyun seçilir, talep edilir, ısrar edilir. "Fark etmez", yetişkinlere aitti. Ve Yusuf bu dili öğreniyordu.

Yan etkiler arttıkça Yusuf'un bedeni içine çekiliyordu. Omuzları öne düşüyor, sesi kısılıyordu. Gülten bazen Yusuf'un sesini duymak için eğilmek zorunda kalıyordu. Bu fiziksel eğilme, duygusal bir eğilmeye de dönüşüyordu.

Bir gece Yusuf uyanıp sordu:

"Ben eskisi gibi olabilecek miyim?"

Bu soru, yan etkilerin en ağır olanıydı. Gülten bu soruya hemen cevap vermedi. Çünkü "eski" kelimesi artık çok uzaktaydı. Ama bu uzaklığı kabul etmek istemiyordu.

"Şu an başka bir zamandayız," dedi.

"Bu zaman geçecek."

Bu cümle, eskiye dönüş sözü vermiyordu. Ama kalıcı bir kayıp da ilan etmiyordu. Yusuf başını yastığa koydu. Gözlerini kapattı. Bu konuşma onu rahatlatmadı ama sakinleştirdi. Çünkü belirsizlik, bazen netlikten daha taşınabilirdi.

Yan etkiler ilerledikçe herkes şunu anlıyordu:

Bu süreç, Yusuf'tan sadece enerjisini almıyordu.

Ondan çocukluğun hızını da alıyordu.

Ve hız gittiğinde, geriye ağır bir sessizlik kalıyordu.

Saçlar bir sabah dökülmedi. Yusuf yastığında saç bulmadı ilk başta. Aynaya baktığında da fark etmedi. Değişim, sessizdi. Banyoda tarakla başladı. Gülten tarakta birkaç tel gördüğünde durdu. Eli havada kaldı. Teli çekip atmadı. Çünkü atmak, olan biteni kabul etmek gibi geliyordu.

Yusuf taranmaya itiraz etmedi. Eskiden saçlarını tararken başını sağa sola oynatır, gülerdi. Şimdi hareketsiz duruyordu. Gözleri aynadaydı ama kendine bakmıyordu. Daha çok, aynanın arkasına bakar gibiydi. Gülten bunu fark ettiğinde içi ürperdi.

Aynaya bakıp kendini görmemek, bir yabancılaşmanın ilk işaretiydi.

"Canın acıyor mu?" diye sordu.

Yusuf başını salladı.

"Hayır."

Bu "hayır", rahatlatıcı olmadı. Çünkü acı yoktu ama kayıp vardı. Acı, geçiciydi. Kayıp ise yerleşiyordu.

Bir gün Yusuf aynanın önünde durdu. Uzun süre. Gülten sessiz kaldı. O an konuşmak istemedi. Çünkü konuşmak, bakışı bozabilirdi. Yusuf saçına dokundu. Parmaklarının arasında kalan telleri gördü. Yüzü değişmedi. Ama gözleri karardı.

"Anne," dedi.

"Saçlarım beni bırakıyor mu?"

Bu soru, saç dökülmesinin çocuk diline çevrilmiş hâliydi. Gülten yutkundu. "Saçlar bazen dinlenir," dedi. Bu cümle yetersizdi ama zararsızdı. Yusuf başını salladı. Dinlenmek... Bu kelimeyi anlıyordu.

Günler içinde dökülme hızlandı. Banyoda, yastıkta, tişörtte... Saç her yerdeydi. Ama Yusuf'un başında giderek azdı. Bu azalma, Yusuf'un bedenine bakışını değiştirdi. Aynadan kaçmaya başladı. Banyoda yüzünü yıkarken başını eğiyordu. Gülten bunu fark ettiğinde aynayı kaldırmayı düşündü. Sonra vazgeçti. Aynayı kaldırmak, gerçeği saklamak olurdu.

Süleyman ilk kez saçları fark ettiğinde bir an durdu. Yusuf'un başına baktı. Bir şey söylemedi. Söyleyecek bir şey yoktu. Bu kayıp, telafi edilecek bir şey değildi. Ama Süleyman'ın içindeki donukluk, bu görüntüyle sarsıldı. Çünkü saç, görünür bir kayıptı. Saklanamıyordu.

"İstersen şapka takabilirsin," dedi Süleyman.

Yusuf düşündü.

"Evde gerek yok," dedi. Bu cümle, kabulleniş gibi görünüyordu. Ama aslında bir geri çekilişti. Ev, saklanılan yerdi. Dışarısı ise aynalardı.

Yusuf'un bedeni değiştikçe, ruhu da mesafe koyuyordu. Eskiden aynada yüzünü inceleyen çocuk yoktu artık. Onun yerine, yüzünü görmezden gelen bir çocuk vardı. Bu görmezden geliş, bir savunmaydı.

Gülten bir akşam Yusuf'un fotoğrafına baktı. Birkaç ay önce çekilmişti. Gülümsüyordu. Saçları dağınıktı. Fotoğrafa baktı, sonra Yusuf'a baktı. Aynı çocuktu ama aynı değildi. Bu fark, Gülten'in içini parçaladı.

Yan etkiler, sadece bedeni değil; kimliği de etkiliyordu. Yusuf, kendi bedenine yabancılaşmaya başlamıştı. Bu yabancılaşma, çocukluğun en sessiz geri çekilişiydi.

Ve aynalar, bu geri çekilişi her gün biraz daha görünür kılıyordu.

Yemek masası, evdeki değişimin en sessiz ama en belirgin aynası oldu. Eskiden Yusuf'un sesiyle dolan masa, artık bekleyişle doluydu. Tabaklar hazırlanıyor, yemekler konuluyor ama kimse acele etmiyordu. Acele, iştah isterdi. Yusuf'un iştahı ise günlerdir ortalarda yoktu.

"Biraz ye," demedi Gülten. Dememeye karar vermişti. Çünkü "biraz ye" demek, baskıydı. Baskı ise Yusuf'un geri çekilişini hızlandırıyordu. Bunun yerine tabağı önüne koyuyor, bekliyordu. Beklemek, bu dönemin temel eylemiydi. Zorlamamak, yeni bir annelik biçimi olmuştu.

Yusuf yemeğe bakıyordu ama yemiyordu. Kaşığı eline alıyor, sonra bırakıyordu. Bu hareket birkaç kez tekrarlandı. Gülten her seferinde içinden bir cümleyi bastırdı: *Ne olur ye.* Bu cümle dışarı çıkarsa, Yusuf'un omzuna yük olurdu. O yükü taşımaya hâli yoktu.

"İstemiyor musun?" diye sordu Süleyman.

Yusuf omuz silkti. "Tat almıyorum."

Bu cümle, yemeğin bitişiydi. Tat almamak, aç olmaktan daha ağırdı. Açlık geçerdi. Tat kaybı ise keyfin kaybıydı. Keyif kaybolduğunda, çocukluk da geri çekilirdi.

Gülten tabağı kaldırdı. Sessizce. Bu sessizlik, bir kabulleniştí. Yemek yenmemişti ama mesele bu değildi. Mesele, Yusuf'un artık sofra etrafında dönen neşeye katılmamasıydı.

Sofralar kısaldı. Önceden uzayan akşam yemekleri, artık hızlıca bitiyordu. Konuşmalar azaldı. Oyun sonrası atıştırmalar yoktu. Yusuf yemekten sonra oyun istemiyordu. Oyun oynamak, enerji isterdi. Yusuf enerjisini saklıyordu. Neye sakladığını kimse bilmiyordu ama herkes hissediyordu: bir sonraki güne.

Bir akşam Gülten mutfakta yemek yaparken Yusuf kapının eşiğinde durdu. İzledi. Yardım istemedi. Oynamadı. Sadece baktı. Gülten o bakışta şunu gördü: Yusuf, artık oyunun dışında duruyordu. İzleyen taraftaydı. Bu, çocukluk için büyük bir değişimdi. Çünkü çocukluk sahnenin ortasında olurdu.

"Canın bir şey istiyor mu?" diye sordu.

Yusuf düşündü. Uzun uzun. "Su," dedi.

Su. Ne tatlı, ne tuzlu, ne oyunlu. Sadece su. Gülten bardağı uzattı. Yusuf içti. Bu sadelik, Gülten'i üzdü. Çünkü su, hayatta kalmanın en temel hâliydi. Oysa Yusuf'un dünyası eskiden çok daha renkliydi.

Süleyman bu değişimi izlerken şunu fark etti: Yan etkiler, Yusuf'un bedenini değil sadece; ritmini de değiştiriyordu. Günün temposu, yavaşlamıştı. Oyunun yerini dinlenme, konuşmanın yerini sessizlik almıştı.

Bir akşam Yusuf koltukta sessizce otururken Süleyman yanına yaklaştı.

"Oynamak ister misin?" diye sordu.

Yusuf başını salladı.

"Yoruldum."

Bu "yoruldum", günün değil; sürecin yorgunluğuydu. Ve bu yorgunluk, çocukluğu geri plana itiyordu.

Yan etkiler derinleştikçe, evde bir şey daha netleşti:

Oyun artık merkeze değil, kenara çekilmişti. Ve kenara çekilen her şey gibi, sessizleşmişti.

Zamanla aile, Yusuf'taki değişimi durduramayacaklarını anladı. Ama bu değişimin içinde kaybolmamak mümkündü. Gülten bunu en önce fark eden oldu. Yusuf artık eskisi gibi koşmuyor, oyun başlatmıyor, sesini yükseltmiyordu. Ama bu, Yusuf'un yok olduğu anlamına gelmiyordu. Sadece başka bir yere çekilmişti.

Bir akşam Gülten, Yusuf'un odasına girdiğinde onu yatağın üzerinde bir deftere bakarken gördü. Defter boştu. Sayfaları çevirmiyordu. Sadece bakıyordu. Bu bakış, oyun bakışı değildi. Düşünme bakışıydı. Gülten bir şey sormadı. Yanına oturdu. Sessizce. Sessizlik artık korkutucu değildi. Sessizlik, Yusuf'un yeni diliydi.

"Bir şey çizmek ister misin?" diye sordu bir süre sonra.

Yusuf kalemi aldı. Hemen çizmedi. Uzun süre bekledi. Sonra küçük bir şekil yaptı. Ne olduğu belli değildi. Ama önemli olan şeklin kendisi değil, niyetti. Yusuf hâlâ bir şey üretmek istiyordu. Sadece daha yavaş, daha az ve daha dikkatli.

Süleyman bu sahneyi kapıdan izledi. İçinde bir şey gevşedi. Çünkü bu, çocukluğun tamamen kaybolmadığını gösteriyordu. Geri çekilmişti ama yok olmamıştı. Bir siperin arkasına saklanmıştı. Doğru zamanda çıkmak üzere bekliyordu.

Yan etkiler Yusuf'u erken büyütüyordu. Bu büyüme, övünülecek bir şey değildi. Kimse çocuğunun erken büyümesini istemezdi. Ama bu büyüme, bir savunmaydı. Yusuf, ruhunu korumak için hızını düşürmüş, sesini kısmış, oyunlarını azaltmıştı. Bu bir yenilgi değildi. Bu, uyumdu.

Gülten artık oyun dayatmıyordu. "Oyna" demiyordu. Oyun gelirse kabul ediyordu, gelmezse sessizliği paylaşıyordu. Bu paylaşılan sessizlik, yeni bir yakınlıktı. Eskisi gibi neşeli değildi ama daha derindi.

Bir gün Yusuf, Gülten'e dönüp şöyle dedi:

"Anne, ben artık her şeye hemen sevinemiyorum."

Bu cümle, yan etkilerin en açık ifadesiydi. Gülten oğlunun saçsız başını okşadı.

"Biliyorum," dedi.

"Ama sevinç kaçmadı. Sadece dinleniyor."

Bu cümle, Yusuf'u gülümsetmedi. Ama rahatlatmış gibiydi. Çünkü dinlenen şeyler geri dönebilirdi.

Aile şunu kabullendi:

Yan etkiler, Yusuf'un çocukluğunu tamamen almıyordu. Ama onu geri plana itiyordu.

Ve bu geri plan, korunması gereken bir yerdi. Zorlamadan, acele etmeden, beklenti yüklemeden.

Yusuf artık daha az konuşuyor, daha az oynuyor, daha az istiyordu. Ama hâlâ hissediyordu. Hâlâ seviyordu. Hâlâ var oluyordu. Bu fark, her şeydi.

Çocukluğun geri çekilişi sessizdi.

Ama bu sessizlik, yokluk değildi. Bir bekleyişti.

Ve herkes biliyordu ki bekleyen şeyler, doğru zamanda yeniden ortaya çıkardı.

İdari Büro – İlk İtiraz

İtiraz kelimesi, Süleyman'ın zihnine birden düşmedi. Günler boyunca defterine yazdığı satırlar, yavaş yavaş aynı noktaya işaret ediyordu. Saatler, isimler, tekrar eden cümleler... Hepsi biriktiğinde artık sadece kayıt değildi. Bir soru hâline gelmişti: *Buna gerçekten itiraz edilemez mi?*

Süleyman, hastanenin idari binasına ilk kez girdiğinde yönünü şaşırdı. Koridorlar kliniklere benzemiyordu. Burada sedye yoktu. Serum yoktu. Ağlayan çocuk sesi yoktu. Ama bu sessizlik, rahatlatıcı değildi. Daha soğuktu. Çünkü burada duyguların yeri yoktu.

Kapılarda yazılar vardı: "Hasta Hakları Birimi", "İdari İşler", "Başhekimlik Sekreterliği."

Her yazı, bir kapıydı. Ama her kapı, başka bir bekleyiş demekti.

Süleyman sıraya girdi. Önünde birkaç kişi vardı. Hepsi sessizdi. Kimse konuşmuyordu. Çünkü burada konuşmak, işe yaramazdı. Burada doğru olan şey, sıranı beklemekti.

Sıra kendisine geldiğinde, camın arkasındaki görevliye baktı. Görevli bilgisayara bakıyordu. Süleyman konuştu.

"Bir itiraz dilekçesi vermek istiyorum."

Bu cümle, Süleyman'ın ağzından ilk kez çıktı. Söylerken sesi titremedi. Çünkü bu cümle, bir duygu cümlesi değildi. Bir işlem cümlesiydi.

Görevli başını kaldırmadan konuştu.

"Konuyla ilgili?"

Süleyman nefes aldı.

"Refakat uygulamasıyla ilgili."

Görevli durdu. İlk kez baktı. Sonra ekrana geri döndü.

"Dilekçenizi yazın. Evrak kayıt."

Bu kadar. Ne soru, ne şaşkınlık, ne açıklama. Süleyman bir an durdu. Çünkü bu kadar kolay olmasını beklemiyordu. Kolay olan şeyin sonucu zor olurdu.

Bir masa gösterildi. Boş bir sandalye. Süleyman oturdu. Defteri çantasından çıkardı. Bu kez defter, yalnızca kayıt tutmak için değil; cümle kurmak için açıldı.

Dilekçenin başına ne yazacağını düşündü. "Sayın Yetkili" mi? "İlgili Birim" mi? Bu hitaplar, Yusuf'un yaşadıklarıyla yan yana durmuyordu. Ama sistemin dili buydu.

Kalemi eline aldı. Yazdı.

"Tarafımıza uygulanan refakat kısıtlaması hakkında..."

Bu cümleyle başladı. Yusuf'un adını yazmadı. Bilerek. Çünkü bu dilekçe, bir çocuğun hikâyesi değil; bir uygulamanın sorgusuydu. Süleyman bunu çok net biliyordu.

Yazdıkça dili sade tuttu. Ne dramatik kelimeler kullandı ne de suçlayıcı. Tarih verdi. Saat verdi. Uygulamanın tutarsızlığını yazdı. Başka odalarda farklı uygulamalar olduğunu belirtti. Defterdeki satırlar, dilekçenin omurgasına dönüştü.

Bitirdiğinde imzaladı. İmza, Süleyman için önemliydi. Çünkü imza, "bunu ben söylüyorum" demekti. Artık bu itiraz, anonim değildi.

Dilekçeyi verdiğinde görevli aldı, damga bastı.

"Size dönüş yapılır," dedi.

Bu cümle, Süleyman'ın zihnine kazındı. *Yapılır.* Ne zaman? Nasıl? Kim tarafından? Bu soruların cevabı yoktu. Ama süreç başlamıştı.

Süleyman binadan çıktığında içi ne rahattı ne de gergin. Daha çok, ilk taşı yerinden oynatmış gibiydi. Taş düşmemişti. Ama oynamıştı.

Ve bazen mücadele, taşın düşmesiyle değil, yerinden oynamasıyla başlardı.

Dilekçeden sonra beklemek başladı. Bu bekleyiş, hastanedeki bekleyişlere benzemiyordu. Burada ne sedye vardı ne de sıra numarası. Burada beklemek, görünmezdi. Süleyman bunun farkına kısa sürede vardı. Çünkü idari bekleyiş, insanı oyalamazdı; yok sayardı.

Bir gün sonra, iki gün sonra... Telefon sessizdi. E-posta gelmedi. Süleyman defterine bir satır daha ekledi:

"Dilekçe teslimi sonrası geri dönüş yok."

Bu satır, bir şikâyet değildi. Bir durum tespitiydi. Ama durum tespitleri çoğaldıkça, sistemin dili netleşiyordu: Sessizlik, cevapların yerine geçiyordu.

Süleyman bu kez bilgisayarın başına oturdu. CİMER sayfasını açtı. Sayfa sade görünüyordu. Beyaz bir ekran, kutucuklar, yönlendirici başlıklar. "Başvurunuz nedir?" sorusu ekranda duruyordu. Bu soru, Yusuf'un yaşadıklarıyla yan yana gelince garipti. Başvuru... Bir çocuğun geceleri annesinden ayrılması, bir "başvuru" başlığına sığdırılıyordu.

Metni yazmaya başladı. Bu kez dili daha resmi tuttu. Çünkü CİMER, duyguyla değil; anahtar kelimelerle çalışırdı. Süleyman bunu sezmişti.

"Sağlık hizmetlerinde refakat uygulamalarının..."

Cümleler uzundu ama kontrollüydü. Yusuf'un adını yine yazmadı. Hastanenin adını yazdı. Tarihleri yazdı. Defterden birebir aktardı. Bu aktarım, Süleyman'a garip bir güven verdi. Çünkü yazdıkları havada değildi. Kayıtlıydı.

Gönder tuşuna bastığında bir pencere açıldı.

"Başvurunuz alınmıştır."

Bu cümle, rahatlatıcı değildi. Çünkü bu bir yanıt değildi. Bir onaydı. Alındı. Alınan neydi? Kim almıştı? Ne zaman bakılacaktı? Sistem, bu soruları cevapsız bırakıyordu.

Birkaç gün sonra bir e-posta geldi. Otomatikti. Dil soğuktu. Cümleler tanıdıktı.

"Başvurunuz ilgili kuruma iletilmiştir."

Süleyman bu cümleyi deftere yazdı. "İlgili kurum = aynı kurum."

Bu kısa not, yaşanan çelişkiyi özetliyordu. İtiraz, itiraz edilen yere iletilmişti. Döngü kapanmıştı. Sistem, kendi içinde dolaşıyordu.

Süleyman ilk kez öfkelendi. Ama bu öfke bağıran bir öfke değildi. Daha çok, dişleri sıkan bir öfkeydi. Çünkü sistemin yaptığı şey açıktı: duymuyormuş gibi yapmak. Duymamak, reddetmekten daha kolaydı. Reddetmek gerekçe isterdi. Duymamak, hiçbir şey istemezdi.

Bir hafta sonra ikinci bir e-posta geldi. Bu kez daha netti ama daha soğuktu.

"Mevzuat çerçevesinde değerlendirilmiştir."

Bu cümle, her şeyi kapatıyordu. Mevzuat. Çerçeve. Değerlendirme. Üç kelime, bir insan hikâyesini kilitliyordu.

Süleyman deftere şunu yazdı:

"İlk resmi reddediş: gerekçesiz."

Bu reddediş, beklenen bir şeydi ama yine de can yakıcıydı. Çünkü bu, sistemin açık mesajıydı: *Sorununuz, sistemin sorunu değil.*

Ama Süleyman başka bir şey daha fark etti. Bu reddediş, onu durdurmamıştı. Aksine, yön vermişti. Artık biliyordu: Duyguyla değil, ısrarla ilerlemek gerekiyordu.

İlk itiraz reddedilmişti. Ama defter kapanmamıştı.

Ve defter açık kaldıkça, itiraz da açık kalacaktı.

İlk reddedişten sonra Süleyman bir süre hiçbir şey yapmadı. Bu duraklama, vazgeçmek değildi. Daha çok, sistemi dinlemekti. Çünkü sistem konuşmazdı ama tekrar ederdi. Ve tekrar eden şeyler, bir dil oluştururdu. Süleyman bu dili çözmeye çalışıyordu.

Bir hafta içinde aynı kelimeleri ikinci kez okudu. Farklı bir e-posta, aynı cümleler. "Mevzuat", "ilgili birim", "değerlendirilmiştir." Kelimeler yer değiştiriyor ama anlam değişmiyordu. Bu, tesadüf değildi. Bu, bilinçli bir düzendi. Süleyman bunu defterine yazdı:

"Farklı başvurular, aynı yanıt dili."

Bu satır, defterde bir eşik oldu. Çünkü artık tek bir reddedişten bahsetmiyordu. Bir örüntü vardı. Örüntü varsa, sorun bireysel değildi.

Süleyman bu kez başka bir kuruma başvurdu. İl Sağlık Müdürlüğü. Aynı metni göndermedi. Metni değiştirdi. Çünkü sistem, birebir kopyaları ciddiye almazdı. Ama içerik aynıydı. Tarihler, uygulamalar, çelişkiler. Yusuf'un adı yine yoktu. Çünkü mesele hâlâ tek bir çocuk değildi.

Cevap geç geldi. Daha geç. Ve daha uzundu. Ama içeriği aynıydı. Uzunluk, ciddiyet anlamına gelmiyordu. Bazen sadece oyalamaydı.

"İlgili mevzuat kapsamında gerekli değerlendirmeler yapılmış olup..."

Süleyman bu cümleyi okuduğunda gülümsedi. Gülümseme acıydı. Çünkü artık bu cümleyi tanıyordu. Bu cümle, "sizi anladık ama bir şey yapmayacağız" demenin resmi hâliydi.

Deftere yazdı:

"Reddedişler gerekçeli değil, kalıplaşmış."

Bu satır, Süleyman'ın bakışını değiştirdi. Artık cevap aramıyordu. Artık belge topluyordu. Her reddediş, bir eksiklik değil; bir kanıttı. Çünkü gerekçesiz reddedişler, sistemin kendini koruma refleksini gösterirdi.

Gülten bu süreçte Süleyman'ı izliyordu. Yusuf'un yanında olmaya devam ediyor, evle hastane arasında gidip geliyordu. Süleyman'ın masasındaki kâğıtları gördüğünde sordu:

"Bir şey değişecek mi?"

Süleyman durdu. "Değişmezse bile," dedi, "bu hâliyle kalmayacak."

Bu cümle, umuttan çok kararlılık taşıyordu. Gülten başını salladı. Bu kararlılık, onu ayakta tutuyordu.

Süleyman üçüncü bir başvuru yaptı. Bu kez "bilgi edinme" başlığıyla. Sorular netti. "Hangi koşullarda refakat mümkündür?" "Uygulamalar neden farklıdır?" "Denetim mekanizması var mıdır?" Bu sorular, cevaplanması gereken sorulardı. Ya da en azından öyle görünüyordu.

Cevap geldiğinde tek bir soru net yanıtlanmıştı:

"Mevzuat gereği..."

Geri kalanı yuvarlaktı. Süleyman bu cevabı deftere yapıştırdı. Fiziksel olarak. Çıktısını aldı, sayfaya zımbaladı. Bu, defterin bir belgeye dönüşmesinin ilk somut adımıydı.

Artık defterde sadece el yazısı yoktu. Resmî cevaplar da vardı. Reddedilişler üst üste geliyordu. Ve her biri, aynı şeyi söylüyordu: sistem, sorunu görmek istemiyordu.

Ama Süleyman şunu da fark etti:

Görmek istemeyen bir sistem, gösterildiğinde rahatsız olurdu.

Ve rahatsızlık, değişimin ilk belirtisiydi.

Üçüncü başvurudan sonra Süleyman ilk kez yüz yüze çağrıldı. Bu çağrı, bir davet değildi. Daha çok, "gelip dinlenmiş gibi yapalım" çağrısıydı. Tarih ve saat belliydi. Yer de. Hastanenin idari katındaki küçük bir oda. Kapısında unvanlar yazan ama içeri girince sıradanlaşan bir oda.

Süleyman kapıyı çaldığında içeriden "buyurun" dendi. Masanın arkasında iki kişi oturuyordu. Biri dosyalara bakıyordu. Diğeri ekrana. Süleyman oturdu. Defteri çantasından çıkarmadı. Bilerek. Çünkü bu görüşmede defter değil, söz vardı.

"Şikâyetinizle ilgili sizi bilgilendirmek istedik," dedi masadaki görevli.

Şikâyet. Bu kelime, Süleyman'ın kulağında sert çınladı. İtiraz demişti. Şikâyet dememişti. Ama idari dilde fark yoktu. Her şey, "şikâyet eden vatandaş" başlığı altına girerdi.

"Bizim uygulamalarımız mevzuata uygundur," diye devam etti görevli.

"İstisnai durumlar olabilir ama genel çerçeve bellidir."

Bu cümle, Süleyman'ın defterindeki cümlelerle birebir örtüşüyordu. Genel çerçeve... İstisna... Bu kelimeler, sorumluluğu havada tutmanın yollarıydı.

"İstisna dediğiniz durumlar nedir?" diye sordu Süleyman.

Bu soru, masadaki havayı değiştirdi. Çünkü bu, cevap gerektiren bir soruydu. Görevli duraksadı. Diğerine baktı. Sonra konuştu.

"Somut vaka üzerinden konuşamayız."

Bu cümle, konuşmayı kapatıyordu. Somut olan konuşulmaz, soyut olan anlatılırdı. Çünkü soyut olan denetlenemezdi.

Süleyman o an şunu hissetti: Burada çözüm aranmıyordu. Burada kayıt altına alınıp "konuşuldu" denmesi yeterliydi. İdari görüşmeler, çoğu zaman sonuç üretmezdi; iz bırakırdı. Ve o iz, genellikle itiraz edeni işaretlerdi.

"Başka bir talebiniz var mı?" diye soruldu.

Bu soru, görüşmenin bitiş ziliydi. Süleyman bir an düşündü. Sonra net bir sesle konuştu.

"Uygulamanın yazılı gerekçesini istiyorum."

Bu talep, odadaki sessizliği sertleştirdi. Çünkü yazılı gerekçe, sorumluluk demekti. Sorumluluk ise sistemin sevmediği bir şeydi.

"Yazılı yanıt size iletilecektir," dendi.

Bu cümle, görüşmenin sonuydu. Ne zaman? Nasıl? Kim tarafından? Bu sorular yine cevapsız kaldı.

Süleyman odadan çıktığında içi ağırdı. Ama şaşkın değildi. Çünkü bu görüşme, beklediği gibi geçmişti. Sistemin yüzü, yüz yüze gelince değişmiyordu. Sadece daha düzgün konuşuyordu.

Defteri çantasından çıkardı. Koridordaki bankta oturdu. Yazdı:

"Yüz yüze görüşme: sonuç yok, etiket var."

Bu satır, önemliydi. Çünkü artık bir eşik geçilmişti. Süleyman, sistemin gözünde "hak arayan baba"dan "ısrar eden vatandaş"a dönüşüyordu. Bu dönüşüm, riskliydi. Ama aynı zamanda gerekliydi.

Çünkü sistem, sessiz kalanları değil; ısrar edenleri hatırlardı.

Ve hatırlananlar, ya susturulurdu ya da bir gün dikkate alınırdı.

Yazılı yanıt beklenenden geç geldi. Süleyman bunu özellikle not etti. Beklemek, sistemin kullandığı ilk araçtı. Zaman uzadıkça talep aşınır, itiraz yumuşardı. Ama bu kez öyle olmadı. Süleyman her geçen gün defterini açtı, tarihi yazdı ve bekleyişi kayda geçirdi. Çünkü beklemek de bir veriydi.

Zarf geldiğinde sıradandı. Ne kalındı ne de özenli. Üzerinde herhangi bir vurgu yoktu. Açtığında içinden çıkan metin de zarf gibiydi: nötr, soğuk ve kapatıcı.

"Yapılan inceleme sonucunda, ilgili mevzuat hükümleri çerçevesinde uygulamanın uygun olduğu anlaşılmıştır."

Cümle buydu. Uzundu ama içi boştu. Ne "hangi mevzuat" deniyordu, ne "hangi koşullarda", ne de "neden". Bu bir gerekçe değildi. Bu, bir kapatma cümlesiydi. Dosyayı kapatmak için yazılmıştı.

Süleyman kâğıdı elinde tuttu. Uzun süre. Gülten yanına geldi. Kâğıdı gördü ama sormadı. Çünkü sorunun cevabı belliydi. Bir şey değişmemişti.

"Reddetmişler," dedi Süleyman.

Bu "reddetmişler", kızgın değildi. Sitemli de değildi. Daha çok, tespit gibiydi. Gülten başını salladı. Yusuf odadaydı. Sessizdi. Onun bu süreçte duyduğu her şey, ruhuna yük oluyordu. Süleyman ve Gülten bunu biliyordu. O yüzden konuşmaları kısaydı.

Süleyman kâğıdı defterin arasına koydu. Zımbaladı. Sayfayı çevirdi. Yeni bir başlık attı.

"Yazılı Reddedişler."

Bu başlık, defterde yeni bir dönemi başlatıyordu. Artık itirazlar sözlü değildi. Kayıtlıydı. Resmiydi. İmzalıydı. Ve hepsi aynı dili konuşuyordu.

Süleyman o an şunu fark etti: Bu reddediş, bir duvar değildi. Bir yüzeydi. Yüzeyler, tırmanılabilirdi. Duvarlar yıkılırdı. Ama yüzeyler, tutunma noktası sunardı.

Defteri kapattı. İlk kez o gün bir şey hissetti: yön. Daha önce ne yaptığını biliyordu ama nereye gittiğini bilmiyordu. Şimdi biliyordu. Bu süreç, kısa bir mücadele olmayacaktı. Bu, uzun soluklu bir işti. Ve uzun işler, sabır isterdi. Sabır da kayıt isterdi.

Gülten'e baktı.

"Bu son değil," dedi.

Gülten cevap vermedi. Ama bakışında bir kabul vardı. Bu kabul, teslimiyet değildi. Devam etme kararıydı.

Süleyman deftere son bir cümle yazdı. Tarih attı. Altını çizdi.

"Reddedildi. Ama dosya kapanmadı."

Bu cümle, Süleyman'ın zihnindeki kilidi açtı. Artık mesele bir itirazın kabul edilip edilmemesi değildi. Mesele, bu reddin başka yerlere taşınmasıydı. Başka masalara, başka gözlere, başka dillere.

İlk itiraz bitmişti.

Ama mücadele başlamıştı.

Ve Süleyman çok net biliyordu:

Yazılı reddedişler, ileride yazılacak bir değişikliğin en güçlü dayanağı olacaktı.

Sosyal Medya – Sesin Çoğalması

Süleyman, ilk paylaşımı yazmadan önce uzun süre ekrana baktı. Defter masadaydı. Sayfaları doluydu. Ama ekran boştu. Defter, sakindi. Ekran ise gürültülüydü. Deftere yazılanlar korunurdu; ekrana yazılanlar ise dağılırdı. Süleyman bunu biliyordu. O yüzden tereddüt etti.

Bu paylaşım bir şikâyet olmayacaktı. Bir öfke patlaması da olmayacaktı. Çünkü sosyal medya, duyguyla yazıldığında hızlı tüketilirdi. Süleyman'ın elindekiler ise tüketilecek şeyler değildi. Yazdığı her satırın bir karşılığı, bir tanığı, bir tarihi vardı.

İlk cümleyi yazdı. Sildi. Tekrar yazdı. Daha sadeleştirdi. Sonunda durdu. Çünkü mesele kelime sayısı değildi. Mesele tondu. Ne yalvaran bir ton, ne suçlayan bir ton. Daha çok, anlatan bir ton.

"Bir baba olarak yaşadıklarımızı kayda geçirmek istiyorum."

Bu cümleyle başladı. Yusuf'un adını yazmadı. Hastalığın adını yazmadı. Kimseyi hedef göstermedi. Sadece yaşananları anlattı. Gece refakati. Kurallar. Çelişkiler. Dilekçeler. Reddedilişler. Defterden cümleler, neredeyse birebir aktarıldı.

Paylaş butonuna basmak, dilekçeyi vermeye benzemiyordu. Burada sıra yoktu. Evrak kayıt yoktu. Damga yoktu. Ama görünürlük vardı. Süleyman bunu hissederek bastı.

İlk dakikalar sessiz geçti. Bu sessizlik, idari sessizliğe benzemiyordu. Burada sessizlik, bir nefes aralığıydı. Sonra bir bildirim geldi. Sonra bir tane daha. Yorumlar yavaş yavaş çoğalmaya başladı.

"Benzerini yaşadık."

"Yalnız değilsiniz."

"Bu sistematik bir sorun."

Bu cümleler, Süleyman'ın içini titretti. Çünkü defterde yazan "diğerleri" artık görünür olmuştu. İsimler yoktu belki ama sesler vardı. Seslerin çoğalması, tek başına kalmadığını hissettirdi. Bu his, güçlüydü. Ama aynı zamanda ürkütücüydü. Çünkü görünür olmak, hedef olmak demekti.

Gülten paylaşıma baktı. Yorumları okudu. Yusuf'a göstermedi. Çünkü Yusuf'un taşıyacağı bir şey değildi bu. Ama Gülten şunu fark etti: İnsanlar yalnızca acıyı paylaşmıyordu. Bilgi paylaşıyordu. Hukukî yollar, benzer başvurular, başka hastanelerdeki uygulamalar... Bu bilgiler, defterin dijital uzantısı gibiydi.

İlk mesajlardan biri bir sağlık çalışanındandı. İsmini yazmamıştı.

"Bu uygulamalar her yerde böyle değil," diyordu.

"Değişebilir."

Bu tek kelime, Süleyman'ın içini titretti: Değişebilir.

Bu kelime, bugüne kadar idari metinlerde hiç geçmemişti.

Ama destek sesleriyle birlikte başka sesler de gelmeye başladı.

"Kurallar var."

"Her isteyen kalamaz."

"Duygusal davranıyorsunuz."

Bu yorumlar, bekleniyordu. Çünkü kamusal alan, tek sesli olmazdı. Süleyman bu yorumları silmedi. Cevap da vermedi. Çünkü bu sesler de kaydın bir parçasıydı. Toplumsal refleksi gösteriyordu.

İlk paylaşım bitmişti. Ama etkisi yeni başlıyordu.

Ses artık yalnız değildi. Ama kalabalık da tehlikeliydi.

Ve Süleyman çok net biliyordu:

Bu aşamadan sonra mesele, sadece hak aramak değil, sesi doğru yerde tutmaktı.

Paylaşımdan sonraki saatler, Süleyman için zamanın biçim değiştirdiği saatler oldu. Bildirimler arka arkaya geliyordu. Telefon titreşiyor, ekran aydınlanıyor, tekrar kararıyordu. Bu titreşimler, bir alarm gibi değildi. Daha çok, kapısı açılan bir odanın içinden gelen ayak sesleri gibiydi. Birileri geliyordu.

Mesajlar çoğaldıkça içerikleri de çeşitlendi. İlk gelenler destek mesajlarıydı. Kısa, doğrudan, duygusal. "Yanınızdayız." "Yalnız değilsiniz." Bu cümleler, Süleyman'ın defterinde eksik olan bir şeyi tamamlıyordu: karşılık. Defter, kayıt tutardı ama cevap vermezdi. Sosyal medya ise cevap veriyordu. Hem de anında.

Bir süre sonra mesajların tonu değişti. Daha uzun, daha detaylı mesajlar gelmeye başladı. Bazıları yaşadıklarını anlatıyordu. Başka hastaneler, başka şehirler, aynı kurallar, aynı cümleler: *Mevzuat böyle.* Bu tekrar, Süleyman'ı şaşırtmadı. Çünkü defter zaten bunu söylüyordu. Ama şimdi defter konuşuyordu.

Bir mesaj özellikle dikkatini çekti.

"Ben avukatım. Bu konuda açılmış davalar var."

Mesaj kısaydı ama etkisi büyüktü. Çünkü ilk kez mücadele, duygudan hukuka doğru somut bir köprü kuruyordu. Süleyman hemen cevap vermedi. Okudu. Defterine not aldı. Tarih attı. Çünkü her temas, yeni bir veri demekti.

Ardından bir sağlık çalışanından mesaj geldi. İsmini açık yazmıştı.

"Bu uygulamaların hukuki dayanağı tartışmalı."

Bu cümle, Süleyman'ın zihninde bir kapı açtı. Çünkü ilk kez "tartışmalı" kelimesi kullanılıyordu. İdari yazılarda bu kelime yoktu. Orada her şey netti. Burada ise gri alanlar vardı.

Gülten mesajları birlikte okuduklarında, yüzündeki ifade değişti.

"Biliyorlar," dedi.

Bu cümle, umutla karışık bir öfke taşıyordu. Bilmek ve yapmamak arasındaki fark, insanı en çok yaralayan şeydi.

Mesaj yağmuru artarken Süleyman bir karar aldı: Hepsine cevap vermeyecekti. Çünkü cevap verdikçe yön değişebilirdi. Oysa bu sürecin bir ekseni olmalıydı. O yüzden bazı mesajları işaretledi. Bazılarını not aldı. Bazılarını sadece okudu. Bu seçicilik, sesin dağılmasını engellemek içindi.

Ama destek sesleri kadar, yönlendirmeler de gelmeye başlamıştı.

"Şuraya da yazın."

"Şu etiketi kullanın."

"Şu gazeteciye ulaşın."

Bu öneriler, iyi niyetliydi ama tehlikeliydi. Çünkü her yön, yeni bir cephe demekti. Süleyman bunu fark etti. Deftere şunu yazdı:

"Ses çoğalıyor, yön korunmalı."

Karşı sesler de bu aşamada belirginleşti. Bazıları alaycıydı. Bazıları suçlayıcı.

"Kurallar boşuna mı var?"

"Özel muamele istiyorsunuz."

Bu yorumlar, Gülten'i incitti. Ama Süleyman bu yorumları da kayda değer buldu. Çünkü bu sesler, toplumsal direncin nerede sertleştiğini gösteriyordu. Bu da mücadelenin parçasıydı.

Sosyal medya, artık sadece bir paylaşım alanı değildi. Bir aynaydı. Destek de gösteriyordu, direnç de. Süleyman bu aynaya bakarken şunu anladı: Ses çoğaldıkça, kontrol zorlaşıyordu. Ama kontrolsüzlükten korkmak, sessizliği seçmek demekti.

Ve sessizlik, bu aşamadan sonra mümkün değildi.

Üçüncü günde ses artık tek tek mesajlar hâlinde gelmiyordu. Ses, kümelenmeye başlamıştı. Aynı dertten yazanlar birbirini buluyor, yorumların altına yeni yorumlar ekleniyor, özel mesajlarda aynı cümleler tekrar ediyordu. Bu tekrar, Süleyman'ın defterindeki tekrarlarla örtüşüyordu. Fark şuydu: defterde tekrar sessizdi; burada gürültülüydü.

Bir gönüllü, paylaşılanları derleyip tek bir dosyada topladığını yazdı. "Kaybolmasın diye," diyordu. Bu cümle, Süleyman'ın içini rahatlattı. Çünkü sosyal medyada kaybolmak kolaydı. Bir gün görünen, ertesi gün görünmez olurdu. Dosyaya dönüşen şeyler ise kalırdı.

Ardından başka bir mesaj geldi.

"Ben sağlık hukuku alanında çalışıyorum. Bu başvurular tekil değil."

Bu cümle, defterin yıllardır fısıldadığını yüksek sesle söylüyordu. Tekil değil. Bu kelime, mücadelenin çerçevesini değiştiriyordu. Artık mesele bir ailenin yaşadığı haksızlık değil; bir grubun maruz kaldığı uygulamaydı.

Gönüllüler kendi aralarında bir mesaj grubu kurduklarını yazdılar. Süleyman davet edildi ama hemen katılmadı. Çünkü gruplar hızla büyür, hızla dağılırdı. Önce izlemek istedi. Kimler var, ne konuşuluyor, ton ne? Bu temkin, onun en büyük avantajıydı.

Gülten bu süreçte daha sessizdi. Mesajları okuyordu ama yazmıyordu. Çünkü onun odak noktası hâlâ Yusuf'tu. Sosyal medya, Gülten için umut kaynağıydı ama aynı zamanda dikkat dağıtıcıydı. Yusuf'un sessizliğiyle ekranın gürültüsü arasında bir denge kurmaya çalışıyordu.

Bir gün Süleyman'a bir dosya gönderildi. İçinde benzer şikâyet dilekçeleri, reddedilmiş başvurular, farklı şehirlerden ekran görüntüleri vardı. Dosya başlığında tek bir kelime yazıyordu: "Örüntü."

Bu kelime, Süleyman'ın zihninde bir kapıyı kapattı, bir başkasını açtı. Artık itiraz, bir talep değildi. Bir tespitti. Tespitler, reddedilse bile var olmaya devam ederdi.

Ama aynı anda karşı sesler de organize olmaya başlamıştı. Bazı hesaplar Süleyman'ın paylaşımlarını hedef gösteriyor, "devlet düşmanlığı" gibi ağır ithamlar kullanıyordu. Bu ithamlar, Gülten'i korkuttu. Çünkü görünür olmak, risk demekti. Süleyman bu mesajları ciddiye aldı ama geri çekilmedi. Defterine yazdı:

"Karşı sesler sertleşiyor."

Bu sertleşme, beklenen bir aşamaydı. Çünkü bir sorun görünür hâle gelince, onu koruyan refleksler devreye girerdi. Bu refleksler, bazen en yüksek sesi çıkarırdı.

Gönüllülerden biri şu cümleyi yazdı:

"Bunu kişisel tartışmaya çekmek istiyorlar. İzin vermeyelim."

Bu cümle, Süleyman'ın duruşunu netleştirdi. Kişiselleşmek, mücadelenin dağılması demekti. Oysa amaç, kişisel olanı kamusal bir mesele olarak tutmaktı.

Sosyal medya artık sadece sesin çoğaldığı yer değildi. Aynı zamanda sesin yönünü korumak gereken bir alandı. Bu alan doğru kullanılırsa güçlenir, yanlış kullanılırsa tükenirdi.

Ve Süleyman şunu çok net gördü:

Ses çoğaldıkça,

sorumluluk da büyüyordu.

Dördüncü gün, sesin biçimi değişti. Artık sadece kullanıcılar konuşmuyordu. Mesaj kutusuna yeni bir tür mesaj düşmeye başladı. Daha kısa, daha temkinli, daha profesyonel.

"Bir haber yapmak istiyoruz."
"Görüşebilir miyiz?"
"Yazılı bir açıklama alabilir miyiz?"
Medya, böyle konuşurdu. Ne duygusuzdu ne de duygulu. Daha çok mesafeliydi. Bu mesafe, hem koruyucu hem de tehlikeliydi. Çünkü medya, sesi büyütürdü ama çerçevesini de kendisi çizerdi.
Süleyman ilk mesajı gördüğünde hemen cevap vermedi. Defteri açtı. Yazdı:
"Medya = çoğalma + kontrol kaybı riski."
Bu satır, bir uyarıydı. Çünkü görünürlük, mücadelenin bir sonraki aşamasıydı. Ve her aşama, yeni bir bedel isterdi.
Gülten bu mesajları okuduğunda duraksadı.
"Yusuf'u korumamız gerekiyor," dedi.
Bu cümle, masadaki en ağır cümleydi. Çünkü doğruydu. Görünürlük arttıkça, kişisel olanın korunması zorlaşırdı. Süleyman bunu biliyordu. O yüzden ilk geri dönüşleri yazılı yaptı. Telefonla konuşmadı. Kamera karşısına geçmedi. Her şey yazılı olmalıydı. Yazılı olan, kontrol edilebilirdi.
Bir gazeteciyle ilk yazılı temas kuruldu. Süleyman yaşananları özetledi. Yusuf'un adını yine yazmadı. Fotoğraf göndermedi. Odak noktası uygulamaydı. Sistemdi. Bu bilinçli tercihti.
Haberciden gelen cevap kısa oldu:
"Bu çok kişiyle ilgili bir mesele."
Bu cümle, doğru çerçeveyi işaret ediyordu. Süleyman rahatladı. Çünkü mesele, bireysel trajediye indirgenmeyecekti. Bu, önemliydi.
İlk haber yayımlandığında Gülten ekrana bakmadı. Bakmak istemedi. Çünkü başlıklar, gerçeği her zaman doğru taşımazdı. Süleyman baktı. Başlığı okudu. Metni okudu. Eksikler vardı ama çarpıtma yoktu. Bu, bir başlangıçtı.

Haber yayıldıkça mesajlar yeniden arttı. Bu kez daha hızlı. Daha sert. Destek mesajları çoğaldı ama karşı sesler de sertleşti.

"Devleti hedef alıyorsunuz."

"Algı operasyonu."

Bu ithamlar, artık tanıdıktı. Süleyman bu yorumları deftere yazmadı. Çünkü bunlar bilgi değildi. Tepkiydi. Tepkiler kayda değil, yönetime ihtiyaç duyardı.

Ama bir mesaj özellikle dikkat çekti.

"Bu haberden sonra il sağlık müdürlüğü geri adım atabilir."

Bu ihtimal, hem umut hem de kaygıydı. Çünkü geri adım, sessizce de atılabilirdi. Ve sessiz geri adımlar, görünür değişime dönüşmezdi.

Medya ilgisi arttıkça Süleyman şunu fark etti: Artık yalnızca hakkını arayan bir baba değildi. Bir anlatının taşıyıcısıydı. Bu anlatı doğru taşınmazsa, başkalarına zarar verebilirdi. Bu sorumluluk ağırdı.

Gülten bir akşam şunu söyledi:

"Ses büyüdü ama Yusuf hâlâ aynı."

Bu cümle, Süleyman'ı yere bastı. Çünkü bütün bu ekranlar, mesajlar, haberler arasında gerçek değişmemişti. Yusuf hâlâ yorgundu. Hâlâ sessizdi. Hâlâ bir çocuktu.

Ve bu hatırlatma, mücadelenin pusulasıydı.

Medya, sesi büyütmüştü. Ama sesin yönünü, hâlâ aile belirliyordu.

Bir noktadan sonra geri dönüş mümkün olmadı. Sosyal medya, paylaşımı yapılan şeyleri saklamazdı; yayardı. Süleyman bunu artık net biçimde görüyordu. İlk günlerde "istersek dururuz" hissi vardı. Beşinci gün o his kalmamıştı. Çünkü ses, artık sadece onlara ait değildi.

Paylaşımlar alıntılanıyor, başka hesaplarda yeniden yazılıyor, farklı cümlelerle çoğaltılıyordu. Bazıları daha sert, bazıları daha yumuşak... Ama hepsi aynı çekirdeği taşıyordu: Bu yaşananlar münferit değil. Süleyman bunu okudukça defterdeki ilk satırı hatırladı. Aynı cümle, yıllar sonra başka ağızlardan çıkıyordu.

Gönüllüler kendi aralarında iş bölümü yapmaya başlamıştı. Kimisi hukuki metinleri toparlıyor, kimisi benzer vakaları listeliyor, kimisi iletişim dilini tartışıyordu. Süleyman bu noktada bir adım geri çekildi. Çünkü bu çoğalma, tek merkezden yönetilemezdi. Yönetilmeye çalışılırsa kırılırdı.

Ama bu geri çekiliş bir kaçış değildi. Daha çok, alan açmaydı. Alan açıldıkça ses çoğalıyor, ses çoğaldıkça mesele kişisel olmaktan uzaklaşıyordu. Bu, mücadelenin istediği şeydi.

Karşı sesler de bu aşamada yerleşti. Artık tek tük yorumlar değil, organize tepkiler vardı. Aynı cümleler, aynı etiketler, aynı suçlamalar... Bu karşılık, Süleyman'ı şaşırtmadı. Çünkü her görünürlük, bir savunma mekanizmasını tetiklerdi. Savunma, çoğu zaman saldırgan olurdu.

Gülten bu karşı seslerden yoruldu.

"Bunları okumak zorunda mıyız?" diye sordu.

Süleyman başını salladı.

"Hayır," dedi. "Okumak zorunda değiliz. Ama var olduklarını bilmek zorundayız."

Bu bilme hâli, onları daha güçlü kılıyordu. Çünkü karşıtlık, mücadelenin sınırlarını gösterirdi. Nerede sertleşildiği, nerede direnç oluştuğu artık belliydi.

Bir akşam Yusuf odadayken telefon sessize alındı. Bildirimler kapatıldı. Çünkü ekranlar büyümüştü ama çocuk hâlâ küçüktü. Bu denge korunmazsa, her şey anlamını yitirirdi. Süleyman ve Gülten bunu çok net biliyordu.

Sosyal medya artık bir araç değildi sadece. Bir kayıt alanıydı. Bir arşivdi. Yarın biri "böyle bir şey yoktu" dediğinde açılacak bir yerdi. Ve bu, defterin dijital karşılığıydı.

Süleyman o gece deftere son bir not düştü:

"Ses geri alınamaz hâle geldi."

Bu cümle, korkutucu değildi. Rahatlatıcıydı. Çünkü geri alınamayan şeyler, inkâr edilemezdi.

Sosyal medya, sesi çoğaltmıştı. Destekle, karşıtlıkla, gürültüyle...

Ama en önemlisi şuydu:

Artık mesele bir ailenin sesi değildi. Bu, birçok insanın aynı anda konuştuğu bir meseleydi.

Ve çok sesli meseleler, er ya da geç bir karşılık bulurdu.

Geri Sayım – Zaman ve Baskı

Geri sayım, bir saat sesiyle başlamadı. Ne alarm çaldı ne de biri yüksek sesle tarih söyledi. Geri sayım, bir cümleyle başladı. Küçük, sade, resmi bir cümleyle.

"Refakat süresi yaklaşıyor."

Bu cümle Gülten'in kulağında yankılandı. Yaklaşıyor... Ne kadar? Bir gün mü, bir hafta mı, bir imza mı? Yaklaşan şeyin şekli yoktu ama ağırlığı vardı. Çünkü yaklaşan her şey, insanı yerinde tutmazdı. İleri iterdi. Ya da geri.

Gülten takvime baktı. Günleri saymadı. Saymak istemedi. Çünkü saymak, geri sayımı kabul etmekti. Oysa kabul etmek için henüz hazır değildi. Yusuf'un yatağının yanında durdu. O an zaman durmuş gibi görünüyordu. Ama gerçekte zaman hızlanmıştı.

Yusuf o gün daha yorgundu. Kemoterapinin yan etkileri, geri çekilme hâli, iştahsızlık... Hepsi aynı anda vardı. Ama Gülten'in zihni bunlara tam olarak odaklanamıyordu. Çünkü başka bir saat çalışıyordu: idari saat. Kağıtların, imzaların, sürelerin saati.

Süleyman defteri açtı. Yeni bir başlık attı.

"Süreler."

Bu başlık, defterde ilk kez bu kadar netti. Daha önce saatler, tarihler vardı. Ama süreler yoktu. Süre, sona işaret ederdi. Ve bu süreçte sona yaklaşmak, tehlikeliydi.

Deftere yazdı:

"Refakat süresi: bitimine X gün."

X'i yazmadı. Bilerek. Çünkü sayı koymak, geri sayımı görünür kılardı. Şimdilik görünmez kalsın istedi. Ama zihni yazmıştı bile.

Sosyal medyada mesajlar devam ediyordu. Bazıları umutluydu.

"Bir şeyler değişecek."

"Baskı artıyor."

Bazıları ise uyarıcıydı.

"Son ana bırakmayın."

"Süre dolarsa geri dönüş zor olur."

Bu mesajlar, Süleyman'ın omuzlarına yeni bir ağırlık bindirdi. Çünkü artık mücadele, sadece haklı olmakla ilgili değildi. Zamanında olmakla ilgiliydi. Zamanında olmayan her hak, kâğıt üzerinde kalırdı.

Gülten bir akşam Süleyman'a baktı.

"Ya yetişmezse?" dedi.

Bu soru, gecenin ortasına bırakılmış bir taş gibiydi. Süleyman cevap vermedi. Çünkü cevabı bilmiyordu. Bilmediği bir şeye söz vermek istemedi.

"Yetiştirmek zorundayız," dedi sadece.

Bu cümle, bir umut cümlesi değildi. Bir zorunluluk cümlesiydi. Ve zorunluluklar, insanı ayakta tutar ama yorar.

Yusuf o sırada sessizdi. Sessizlik artık onun doğal hâliydi. Ama bu sessizlik, geri sayımı durdurmuyordu. Aksine, hızlandırıyordu. Çünkü sessiz çocuk, daha çok korunmalıydı. Korunması gereken her şey, zamanla yarışırdı.

Geri sayım başlamıştı. Ama henüz kimse yüksek sesle "başladı" demiyordu.

Çünkü geri sayımı kabul etmek, baskıyı kabul etmekti.

Ve baskı, henüz zirveye ulaşmamıştı.

Geri sayımın görünür hâle gelmesi, evdeki havayı değiştirdi. Takvim mutfak duvarındaydı ama kimse yanına çarpı atmıyordu.

Çarpılar, bitişi çağırırdı. Bunun yerine Gülten günleri başka şeylerle ölçmeye başladı: Yusuf'un kaç saat uyuduğuyla, kaç lokma yediğiyle, kaç kez mide bulantısı yaşadığıyla. Zaman, bedensel işaretlere bölünmüştü.

Hastanede ise zaman bambaşka akıyordu. İdari yazışmalar hızlanmıştı. Süleyman'ın telefonuna daha sık e-posta düşüyor, "ivedi" ibareli mesajlar geliyordu. İvedi... Bu kelime, bir kapının kapanmak üzere olduğunu hissettirirdi. Süleyman deftere yazdı:

"İvedilik = süre baskısı."

Bu satır, sadece bir not değildi. Bir uyarıydı. Çünkü idari dilde hızlanma, çoğu zaman çözüm anlamına gelmezdi; dosyanın kapanmasına hazırlık anlamına gelirdi.

Yusuf'un durumu aynı günlerde ağırlaştı. İştahsızlık arttı. Baş dönmeleri sıklaştı. Bazı sabahlar yataktan kalkmak istemedi. Bu istemeyiş, naz değildi. Bedenin sınır çizmesiydi. Gülten bunu anlıyordu ama yine de her sabah içi sıkışıyordu. Çünkü her "kalkmak istemiyorum", geri sayımı daha gergin kılıyordu.

"Bugün biraz daha dinlenelim," dedi bir sabah.

Bu cümle, Yusuf'u rahatlatırken Gülten'i germişti. Dinlenmek gerekiyordu ama zaman dinlenmiyordu. Zaman ilerliyordu. Hem hastalık ilerliyordu hem mücadele. İki çizgi aynı anda akıyor, kesiştikleri yerde baskı artıyordu.

Sosyal medyadan gelen mesajlar da bu baskıyı büyütüyordu.

"Şu tarihten önce şunu yapmalısınız."

"Son günlere kalmayın."

Bu uyarılar iyi niyetliydi ama ağırdı. Çünkü dışarıdan bakanlar, zamanın sadece takvimden ibaret olduğunu sanıyordu. Oysa içeride zaman, Yusuf'un yüzündeki solgunluktu. Zaman, Gülten'in uykusuz geceleriydi. Zaman, Süleyman'ın defterinde boş bırakılan X'ti.

Süleyman bir gün deftere geri döndü ve X'in yanına küçük bir işaret koydu. Rakam yazmadı. Sadece bir nokta. Bu nokta, yaklaşan sonu simgeliyordu. Somutlaştırmadan kabul etmekti bu.

Gülten o akşam Süleyman'a şunu söyledi:

"İkisi aynı anda zorlaşıyor."

Bu "ikisi", hem hastalığı hem mücadeleyi kapsıyordu. Süleyman başını salladı.

"Zaten bu yüzden zor," dedi.

Çünkü biri tek başına zor olsaydı, diğeri ona destek olabilirdi. Ama ikisi aynı anda ilerlediğinde, destek kalmıyordu. Sadece dayanma kalıyordu.

Yusuf o sırada sessizce televizyona bakıyordu. Bakıyordu ama izlemiyordu. Geri sayım, onun dünyasında kelime değildi. Ama atmosferdi. O da hissediyordu.

Zaman daralıyordu.

Ve baskı, ilk kez bu kadar net hissediliyordu.

Son günler görünür hâle geldiğinde, evdeki sessizlik değişti. Artık sessizlik sakin değildi. Gerilmişti. Gerginlik, yüksek sesle konuşmazdı; dar alanlarda dolaşırdı. Mutfakta, koridorda, kapı eşiğinde... Gülten bunu bedeninde hissediyordu. Omuzları hiç gevşemiyordu. Uyandığında yorgundu, uyumadan önce de.

Resmî yazılar bu günlerde daha sık gelmeye başladı. Dil değişmişti. Daha kısa, daha kesin, daha kapatıcıydı. "Süre dolumu", "mevzuat gereği", "uygulamanın devamı mümkün değildir." Bu cümleler, defterde yan yana dizildiğinde bir anlam oluşturuyordu: zaman daraltılıyordu.

Süleyman deftere yazdı:

"Dil sertleşiyor = sona yaklaşım."

Bu sertlik, açık bir redden daha zordu. Çünkü burada tartışma yoktu. Kapılar yavaşça kapanıyordu. Sessizce. Kimse "hayır" demiyordu. Sadece "artık mümkün değil" diyordu.

Yusuf'un bedeni de aynı günlerde daha fazla sinyal vermeye başladı. Baş ağrıları arttı. Bazı geceler uykudan uyandı. Nedenini bilmiyordu. Ama beden, bir şeylerin üst üste geldiğini hissediyordu. Çocuk bedenleri, kelime bilmezdi ama baskıyı tanırdı.

"Anne," dedi bir gece.

"Çok sıkışıyorum."

Bu "sıkışma", mideyle ilgili değildi. Göğüsle de değildi. Daha çok, etrafın daralmasıydı. Gülten oğlunu kucakladı. Sıkıca değil. Baskıyı artırmadan. Çünkü zaten her şey sıkışıyordu.

Süleyman o gece uzun süre oturdu. Defteri açtı, kapattı. Yazmadı. Çünkü yazacak şeyler vardı ama zaman yazıya izin vermiyordu. Zaman, karar istiyordu. Hangi yazı önce? Hangi kapı son? Hangi gün?

Aile içinde konuşmalar kısaldı. Çünkü her konuşma, bir tartışmaya dönüşebilirdi. Gülten daha çok susuyordu. Süleyman daha çok düşünüyordu. Bu dengesizlik, aralarında görünmez bir gerilim oluşturuyordu. Kimse kimseyi suçlamıyordu ama herkes kendini sorumlu hissediyordu.

Bir akşam Gülten dayanamadı.

"Her şey aynı anda oluyor," dedi.

"Buna insan nasıl yetişir?"

Bu soru, cevap beklemiyordu. Bir boşalma anıydı. Süleyman başını eğdi.

"Yetişmek zorundayız," dedi yine.

Ama bu kez sesi daha düşüktü. Çünkü zorunluluk, artık güç vermiyordu. Yormaya başlamıştı.

Sosyal medyada destek mesajları sürüyordu ama ton değişmişti. Daha aceleciydi.

"Bugün olmazsa yarın."

"Şimdi değilse hiç."

Bu cümleler, baskıyı büyütüyordu. Çünkü umut, aceleyle birleştiğinde ağırlaşırdı. Süleyman bazı mesajları kapattı. Bildirimleri sessize aldı. Çünkü artık gürültü değil, netlik gerekiyordu.

Yusuf o sırada odasında sessizce yatıyordu. Oyun yoktu. Kitap yoktu. Sadece nefes vardı. Bu nefes, geri sayımın ortasında en değerli şeydi.

Zaman daralıyordu. Ve baskı, artık sadece dışarıdan değil, içeriden de hissediliyordu.

Son kırk sekiz saat, takvimde yazan bir sayı olmaktan çıktı. Bir his oldu. Evde dolaşan, kapı aralıklarında bekleyen, geceleri yatağın kenarına oturan bir his. Kimse "iki gün kaldı" demiyordu ama herkes bunu biliyordu. Bilmek, söylemekten daha ağırdı.

Hastanede hareketlilik artmıştı. Aynı kişiler, daha hızlı yürüyor, daha kısa konuşuyordu. Süleyman bunu fark etti. İnsanlar acele edince çözüm üretmezdi; dosya kapatırdı. Bu acele, iyiye işaret değildi.

Bir hemşire, refakat saatini hatırlattı.

"Süre doluyor," dedi. Ses tonu nötrdü. Ama cümle keskin bir çizgi gibiydi.

Gülten başını salladı. Konuşmadı. Çünkü konuşursa sesi titreyebilirdi. Titreyen ses, zayıflık gibi algılanabilirdi. Oysa bu aşamada zayıflık değil, dayanıklılık gerekiyordu.

Yusuf o gün daha halsizdi. Yataktan kalkmak istemedi. Gözleri yarı kapalıydı. Ama uyumuyordu. Sanki beden, bir şey olacağını hissediyor ve kendini korumaya alıyordu.

"Bugün biraz daha yanında duracağım," dedi Gülten.

Bu cümle, bir istek değil; bir karar gibiydi. Ama kararlar da artık zamana çarpıyordu. Süreler, kararların alanını daraltıyordu.

Süleyman idari binaya bir kez daha gitti. Son bir yüz yüze temas umuduyla. Kapıdaki görevli onu tanıdı. Bu tanınma, Süleyman'ı ürküttü. Çünkü tanınmak, dosyanın zihne kazındığını gösterirdi. Zihinlere kazınan dosyalar, genellikle "sorunlu" olarak etiketlenirdi.

"Henüz yeni bir yazı yok," dendi.

Henüz... Bu kelime, umut gibi görünse de gerçekte bir erteleme aracıdır. Süleyman bunu biliyordu. Deftere yazmadı. Çünkü bu kelimeyi yazmak istemedi.

O akşam evde bir sessizlik daha vardı. Bu sessizlik, artık alışılmış değildi. Yoğundu. Gülten ve Süleyman aynı odadaydı ama birbirlerine bakmıyorlardı. Çünkü bakarlarsa, soruyu sorabilirlerdi: *Ya olmazsa?*

Yusuf bir ara gözlerini açtı.

"Anne, sen gidecek misin?" diye sordu.

Bu soru, geri sayımın Yusuf'un dünyasına sızdığı andı. Gülten'in içi buz kesti. Çünkü bu sorunun cevabı yoktu. Ya da vardı ama söylenemezdi.

"Şimdi buradayım," dedi sadece.

Bu cevap, anı kurtardı. Ama geleceği değil. Süleyman bu konuşmayı duyduğunda dişlerini sıktı. Çünkü artık geri sayım, sadece idari bir mesele değildi. Çocuğun diline düşmüştü.

Geri sayımın en zor tarafı buydu:

Henüz olmamış bir şeyin, şimdiden zarar vermesi.

Baskı zirveye yaklaşıyordu. Kapılar henüz kapanmamıştı. Ama aralıklar daralmıştı.

Ve herkes biliyordu: Bir sonraki adım, geri dönülmez olabilirdi.

Son saatler, zamanın en ağır hâlidir. Ne hızlanır ne durur. Sürünür. Gülten o sabah uyandığında saat kaçtı bilmiyordu. Saatin kaç olduğu da önemli değildi artık. Önemli olan, *hangi saatte neyin biteceğiydi*. Bitmek, artık soyut bir ihtimal değildi. Somutlaşmıştı.

Hastane koridorları her zamankinden daha sessizdi. Bu sessizlik alışılmış değildi. Gergindi. İnsanların konuşurken kelimeleri tarttığı, bakışlarını kaçırdığı bir sessizlikti. Gülten bunu hemen fark etti. Çünkü anneler, atmosferi çocuklardan önce hissederdi.

Yusuf uyuyordu. Uykusu derin değildi. Nefesi düzensizdi. Gülten yatağın yanına oturdu. Elini tuttu. Bu tutuş, artık alışkanlıktan değil; vedayı geciktirme çabasından geliyordu. Gülten bunu kendine itiraf etmedi ama bedeni biliyordu.

Süleyman telefonuna baktı. Saat başı. E-posta yoktu. Arama yoktu. Bu sessizlik, artık umut değil, belirsizlikti. Belirsizlik ise insana en çok zarar veren şeydi. Çünkü insan, neyle savaşacağını bilemezdi.

Bir görevli odaya geldi. Kapıyı tam açmadı. Aralıktan konuştu.

"Bugünle ilgili bilgilendirme yapılacak."

Bu cümle, her şeyi kilitledi. *Bugün.* Gülten'in içi daraldı. Süleyman başını salladı. Yusuf gözlerini açtı. Bu kelimeyi anlamıştı. Bugün, çocuklar için de önemli bir kelimeydi.

Saat ilerledikçe gerilim yükseldi. Süleyman defteri açmadı. Çünkü artık yazmak için değil, beklemek için zamandı. Beklemek, bazen yazmaktan daha zordu.

Gülten fısıldadı:

"Ne olursa olsun, onun yanında olmalıyım."

Bu cümle, karar cümlesiydi. Ama sistem, kararları bireylere bırakmazdı. Süreler konuşurdu. Kurallar konuşurdu. İnsanlar susardı.

Sonunda çağrı geldi. İdari kat. Süleyman tek başına gitti. Gülten Yusuf'un yanında kaldı. Çünkü bu mücadelenin iki cephesi vardı: biri masalarda, biri yatak başında.

Görüşme kısa sürdü. Süleyman çıktığında yüzü ifadesizdi. Ne sevinç vardı ne de yıkım. Bu ifadesizlik, en tehlikeli hâldi. Çünkü duygular, kararın ardından gelirdi.

Gülten'e baktı. "Henüz bitmedi," dedi.

Bu cümle, zafer değildi. Ama yenilgi de değildi. Bir çatlak oluşmuştu. Kapı tam kapanmamıştı. Ama ardına kadar da açılmamıştı.

Yusuf o an hafifçe elini sıktı. "Anne," dedi, "buradasın ya."

Bu cümle, geri sayımın kırıldığı andı. Çünkü geri sayım, kağıt üzerinde devam edebilirdi. Ama bu an, gerçekti. Ve gerçek olan şeyler, her zaman daha ağır basardı.

Geri sayım bitmemişti. Ama tek bir şeye dönüşmüştü:

Zamana karşı değil, zamanla birlikte direnmek.

Ve bu direnç, hikâyenin bir sonraki evresini başlatıyordu.

BÖLÜM V – AYRILIK VE YASA

Kapı – Üniforma

Kapı sesi, hastanede alışılmış bir sesti. Açılan, kapanan, aralanan kapılar... Ama o günkü kapı sesi farklıydı. Ne aceleciydi ne de belirsiz. Netti. Sert değildi ama kararlıydı. Gülten, sesi duyduğu anda anladı: Bu, bir ziyaret kapısı değildi. Bu, bir karar kapısıydı.

Kapı açıldığında üniforma göründü. Üniforma, insanı görünmez kılan bir şeydi. İçindeki kişiyi siler, yerine yetkiyi koyardı. Gülten ilk anda yüzlere bakmadı. Omuzlara baktı. Duruşlara. Çünkü üniforma, yüzle değil duruşla konuşurdu.

"Biz jandarmayız," dedi biri.

Ses tonu sakindi. Bu sakinlik, durumu yumuşatmıyordu. Aksine, kesinleştiriyordu.

Gülten'in eli Yusuf'un elindeydi. Yusuf yatağın içinde yarı oturur hâlde duruyordu. Üniformayı gördü. Tanımıyordu ama ağırlığını hissetti. Çocuklar, üniformayı kelimeyle değil, atmosferle tanırdı. O atmosfer, bir anda odayı doldurdu.

Süleyman kapının yanındaydı. Üniformayı gördüğünde bir adım attı. Bu refleks, koruma refleksiydi. Ama kime karşı, neye karşı olduğu belli değildi. Çünkü bu, bir tartışma anı değildi. Bu, bir uygulama anıydı.

"Refakat süresi dolduğu için," diye başladı cümle.

Cümle tamamlanmadı. Çünkü tamamlanmasına gerek yoktu. Süleyman bu cümleyi defterinde defalarca yazmıştı. Şimdi cümle, kâğıttan çıkıp odaya girmişti.

Gülten konuşmadı. Çünkü konuşursa ağlayabilirdi. Ağlamak, bu sahnede bir çözüm üretmezdi. Yusuf'un başını okşadı. Yusuf annesinin elini sıktı. Bu sıkış, korkudan değil; fark ediştendi. Bir şey oluyordu. Ve bu şey, oyuna benzemiyordu.

Jandarma odanın içine tam girmedi. Kapı eşiğinde kaldı. Bu da bilinçliydi. İçeri girmek, müdahale demekti. Eşikte durmak, bildirim demekti. Bildirim, devletin tercih ettiği bir dildi. Ne itme vardı ne çekme. Sadece hatırlatma.

Ama hatırlatılan şey ağırdı. Zaman dolmuştu.

Koridor sessizdi ama o sessizlik artık boş değildi. Birkaç kişi duruyordu. Hemşireler, refakatçiler, belki başka aileler... Bakışlar vardı. Fısıltılar yoktu. Bu sessizlik, izleyen sessizliğiydi. Ve izlenen olmak, Gülten'i ürpertti. Çünkü bu an, artık özel değildi.

Yusuf başını kaldırdı. Üniformaya baktı. Sonra annesine.

"Anne," dedi, "bunlar neden burada?"

Bu soru, sahnenin kalbine saplandı. Gülten cevap veremedi. Çünkü cevap, çocuğun taşıyamayacağı bir şeydi. Süleyman eğildi. Yusuf'un göz hizasına indi.

"Bir kural yüzünden," dedi.

Bu cümle, basitti. Ama içinde koskoca bir dünya vardı.

Üniforma bekliyordu. Beklemek, bu sahnenin en sert tarafıydı. Çünkü beklemek, karşı tarafın hareketini zorlamazdı. Sorumluluğu ona bırakırdı.

Gülten o an şunu anladı:

Bu sahne, sadece bir ayrılık değildi.

Bu sahne, kamusal bir ana dönüşüyordu.

Artık yalnız değillerdi. Ama bu kalabalık, acılarını hafifletmiyordu.

Sadece görünür kılıyordu.

Ayrılık, bir anda olmaz. Önce beden hisseder, sonra zihin kabul eder. Gülten'in bedeni çoktan anlamıştı. Elleri titremeye başlamıştı ama Yusuf'un elini bırakmıyordu. Bırakmak, bir hareket değildi; bir teslimdi. Ve Gülten teslim olmaya hazır değildi.

Jandarma hâlâ kapı eşiğindeydi. İçeri girmemişti. Ama içeri girmemesine rağmen odadaki her şey değişmişti. Hava ağırlaşmıştı. Sanki oksijen çekilmişti. Yusuf bunu hissetti. Nefesi hızlandı. Bu hızlanma, panik değildi. Çocukların tanımadığı bir sıkışmaydı.

"Anne," dedi tekrar,

"sen gelmiyor musun?"

Bu soru, artık ertelenemezdi. Gülten eğildi. Yusuf'un yüzünü iki elinin arasına aldı. Gözleri doldu ama akmadı. Çünkü akarsa duramayacağını biliyordu.

"Birazdan," dedi.

Bu "birazdan", zamansızdı. Saatle ölçülmeyen bir kelimeydi. Yusuf bu kelimeyi kabul etti. Çünkü çocuklar, yetişkinlerin kelimelerine güvenir. Güvenmek, hayatta kalma biçimidir.

Süleyman bir adım daha attı. Üniformaya baktı.

"Bir süre daha," dedi. Bu bir rica değildi. Bir hatırlatmaydı. Ama hatırlatmalar, kuralın karşısında yumuşardı.

"Uygulama bu şekilde," dedi jandarmalardan biri.

Ses tonu hâlâ sakindi. Ama bu sakinlik, insanı daha çok incitirdi. Çünkü bu sakinlikte öfke yoktu. Tereddüt yoktu. Sadece görev vardı.

Koridordan bir hemşire başını uzattı. Gözleri doluydu ama konuşmadı. Başka bir refakatçi durdu. Elini ağzına götürdü.

Tanımadıkları insanlar, bu sahnenin tanığıydı. Tanıklık, bu anı büyütüyordu.

Gülten yavaşça ayağa kalktı. Yusuf'un eli hâlâ elindeydi. Kalkarken Yusuf'un parmakları sıkıldı. Bu sıkış, son bir tutunmaydı. Gülten bu tutunmayı açmadı. Yusuf'un parmaklarını tek tek çözmedi. O da bıraktırılmayı bekledi.

"Anne..." dedi Yusuf.

Bu kez devamını getirmedi. Çünkü devamını getirecek kelime yoktu.

Süleyman eğildi. Yusuf'un diğer elini tuttu.

"Buradayım," dedi.

Bu cümle, bir teselli değil; bir pozisyondu. Baba, sahnenin içinde kalıyordu. Anne, sahneden çıkarılıyordu.

Gülten birkaç adım attı. Kapıya doğru. Kapı eşiği, bir çizgi gibiydi. Bu çizgiyi geçmek, sadece odadan çıkmak değildi. Bir statünün sona ermesiydi. Refakatçi olmaktan çıkarılmak, anneliğin askıya alınması gibi hissediliyordu.

Üniforma geri çekilmedi. Ama ilerlemedi de. Gülten'in geçmesini bekledi. Bu bekleyiş, sahnenin en ağır anıydı. Çünkü karar verilmişti ama uygulanması Gülten'e bırakılmıştı.

Koridordaki bakışlar arttı. Fısıltılar hâlâ yoktu. Çünkü kimse bu anı kelimeye dökmek istemiyordu. Kelimeye dökülen şeyler, geri alınamazdı.

Gülten kapıdan çıkarken arkasına baktı. Yusuf yatakta küçülmüştü. Daha küçük görünüyordu. Bu küçülme, bedenle ilgili değildi. Güvenle ilgiliydi.

Kapı kapandı. Ama ses çıkmadı.

Sessiz kapanan kapılar, en yüksek sesi çıkarır.

Ve bu ses, artık sadece bu odaya ait değildi.

Koridor, odadan daha uzundu. Gülten bunu fark etti. Normalde birkaç adımda geçilen mesafe, şimdi bitmiyordu. Her adım, bir şeyden uzaklaşmak gibiydi. Ama ne olduğunu tam olarak adlandıramıyordu. Yusuf'tan mı uzaklaşıyordu, yoksa Yusuf'la arasındaki görünmez bağdan mı? Bu sorunun cevabı yoktu. Çünkü ayrılık, tek bir şeye ait olmazdı.

Gülten yürürken başını eğmedi. Eğmek istemedi. Eğmek, utanmak gibi gelirdi. Oysa utanılacak bir şey yoktu. Ama başını dik tutmak da kolay değildi. Çünkü koridordaki herkes bakıyordu. Bakışlar meraklı değildi. Yargılayıcı da değildi. Daha çok tanıktı. Tanıklık, bu sahneyi kişisel olmaktan çıkarıyordu.

Bir hemşire sessizce yanına yaklaştı. Bir şey söylemedi. Sadece yürüdü. Bu eşlik, Gülten'i daha da sarstı. Çünkü bu, sistemin içinden gelen bir sessiz kabuldü. Kimse yüksek sesle karşı çıkmıyordu. Ama herkes biliyordu ki olan şey, sıradan değildi.

Gülten bir an durdu. Duvara yaslandı. Nefes aldı. Nefesi titriyordu ama ağlamıyordu. Ağlamak, bu anı içeriye çökertebilirdi. Oysa bu an, dışarıya taşmıştı. Artık kişisel bir kriz değildi. Kamusal bir görüntüydü.

Kapının arkasında kalan odayı düşündü. Yusuf'un yatağını. Yorganın kıvrımını. Camdan gelen ışığı. Bu ayrıntılar, şimdi başka birine aitti. Süleyman'a. Baba, odada kalmıştı. Anne, çıkarılmıştı. Bu ayrım, Gülten'in içini yaktı. Çünkü annelik, saatle ölçülemezdi. Ama ölçülmüştü.

Koridorun sonunda bir pencere vardı. Gülten oraya doğru yürüdü. Dışarı baktı. Hayat devam ediyordu. Arabalar, insanlar, ışıklar... Bu devamlılık, onu rahatlatmadı. Daha çok öfkelendirdi. Çünkü içeride bir çocuk annesinden ayrılmıştı ve dışarıda hiçbir şey durmamıştı.

Telefonu titredi. Sosyal medyadan bir mesaj. "Görüntüler geliyor," diyordu biri. Gülten telefonu kapattı. Görüntü olmak istemiyordu. Ama artık görüntü olmuşlardı. Üniforma, kapı, ayrılık... Bunlar gizli kalmazdı. Kalırsa da birilerinin vicdanına kalırdı. Ve vicdanlar, sistemden daha yavaştı.

Gülten içinden şunu geçirdi:

Bu an unutulmayacak. Ne Yusuf tarafından, ne kendisi tarafından, ne de bu koridorda duranlar tarafından.

Bir görevli yanına yaklaştı.

"Birazdan çıkmanız gerekecek," dedi.

Bu cümle, ayrılığın ikinci perdesiydi. Odayı terk etmek yetmemişti. Alanı da terk etmesi isteniyordu. Gülten başını salladı. Konuşmadı. Çünkü konuşursa, bu sahnenin tonunu değiştirebilirdi. Oysa ton zaten belirlenmişti.

Yürümeye devam etti. Her adımda şunu hissetti:

Bu ayrılık, sadece bir annenin odadan çıkarılması değildi.

Bu ayrılık, bir sistemin kendini görünür kıldığı andı.

Ve görünür olan şeyler, artık saklanamazdı.

Koridor kalabalıklaşmaya başladı. Bu kalabalık ani değildi; damla damlaydı. Bir hemşire durdu. Bir refakatçi yan odaydan çıktı. Bir hasta yakını duvara yaslandı. Kimse yüksek sesle konuşmuyordu. Ama herkes aynı yöne bakıyordu. Bakışlar, Gülten'in yürüdüğü hattı takip ediyordu. Bu bakışlar, merak değil; tanıklıktı.

Tanık olmak, bu sahnenin kaderini değiştirdi. Çünkü tanık olan her göz, bu anı kendi hafızasına alıyordu. Hafızaya giren şeyler, bireysel olmaktan çıkardı. Gülten bunu hissetti. Artık sadece kendi acısı değildi bu. O koridorda duran herkes, bir şeyin yanlış gittiğini anlamıştı.

Bir kadın sessizce yaklaştı. Elinde çocuğunun dosyası vardı. Gülten'e baktı. Gözleri doluydu. Konuşmadı. Ama bakışı yeterliydi. Bu bakış, "yalnız değilsin" demiyordu. Daha sert bir şey söylüyordu: "Ben de buradayım."

Gülten'in boğazı düğümlendi. Çünkü bu ortaklık, teselli değildi. Bu, paylaşılan bir yaraydı. Paylaşılan yaralar, iyileşmezdi hemen. Ama saklanamazdı.

Koridorun bir ucunda bir görevli telefonla konuşuyordu. Sesini alçaltmıştı. "Evet... evet... refakat meselesi..." Bu fısıltı, artık olayın başka kulaklara ulaştığını gösteriyordu. Olan biten, kapalı kapılar ardında kalmamıştı.

Süleyman odadaydı. O, bu kalabalığı görmüyordu. Ama hissediyordu. Odanın içindeki hava değişmişti. Yusuf'un bakışı değişmişti. Çocuklar, kalabalığı sesle değil; titreşimle algılardı. Yusuf annesinin gidişini, ardından gelen bu titreşimle birleştiriyordu.

"Anne nereye gitti?" diye sordu bir kez daha.

Süleyman bu kez cevap vermedi. Çünkü cevap, koridorun içinde dolaşıyordu. Bu sorunun cevabı, artık kelimeye sığmıyordu.

Koridordaki kalabalık büyüdükçe, üniformanın etkisi de değişti. Üniforma artık tek başına değildi. Üniforma, bakışların ortasındaydı. Bu da üniformayı ağırlaştırıyordu. Çünkü yetki, görünür olduğunda sorgulanırdı.

Bir jandarma, kısa bir an için bakışlarını kaçırdı. Bu bakış kaçışı, çok şey anlatıyordu. Görev, duyguyu sustururdu. Ama tamamen yok edemezdi. Gülten bunu gördü. Ve o an şunu anladı: Bu sahne, tek taraflı değildi. Karşı tarafta da insan vardı. Ama insanlık, yetkinin altında eziliyordu.

Kalabalık sessizdi. Ama sessizlik artık boş değildi. Yoğundu. Dolu doluydu. Bu doluluk, bir gün dile gelecekti. Belki bugün değil. Ama bu an, bir yerlere yazılıyordu. Deftere değil. Zihne.

Gülten yürümeyi bıraktı. Olduğu yerde durdu. Arasına mesafe koymadı. Çünkü artık geri dönmek yoktu. Ama ileri gitmek de kolay değildi. Bu duruş, sahnenin fotoğrafıydı.

Bu an, bir annenin odadan çıkarılması değil, bir toplumun bir şeye tanıklık etmesiydi.

Ve tanıklık, bir kez gerçekleşti mi, geri alınamazdı.

O anın kayda geçmesi, planlı olmadı. Kimse "çekiyorum" demedi. Kimse kamerayı özellikle kaldırmadı. Ama artık herkesin cebinde bir kayıt cihazı vardı. Ve bazı anlar, kayda girmeyi kendisi isterdi. Üniforma, kapı, ayrılık... Bu sahne, gizli kalabilecek bir sahne değildi.

Koridorun bir ucunda bir telefon havaya kalktı. Sessizce. Titreşimsiz. Ardından bir tane daha. Kimse bağırmadı, kimse slogan atmadı. Ama görüntü alınmaya başlamıştı. Görüntü, kelimeden daha hızlıydı. Olan biteni açıklamıyordu; gösteriyordu. Ve bazen göstermek, anlatmaktan çok daha sertti.

Gülten bunu fark ettiğinde durmadı. Yürümeye de devam etmedi. Olduğu yerde kaldı. Çünkü artık kaçacak bir yer yoktu. Bu sahne, yaşanacaktı. Saklanarak değil, durarak.

Telefon ekranlarında aynı kare belirmeye başladı:

Bir hastane koridoru.

Bir üniforma.

Bir annenin arkası.

Bir kapı.

Bu kare, kısa sürede bağlamından kopacaktı. Kimi bunu "kuralın uygulanması" diyecekti. Kimi "insanlık suçu". Ama herkes şunu görecekti: bir çocuk annesinden ayrılıyordu. Gerekçesi ne olursa olsun, bu görüntü herkesin kalbine aynı yerden çarpardı.

Sosyal medyada ilk paylaşımlar düştüğünde Süleyman henüz odadaydı. Yusuf'un başındaydı. Olan biteni bilmiyordu. Ama telefonuna bildirimler düşmeye başlamıştı. Bildirimlerin tonu değişmişti. Daha sert, daha hızlı, daha telaşlıydı.

Gülten'in telefonu sessizdeydi. Bilerek. Çünkü bu an, telefonla taşınamazdı. Ama başkaları taşıyordu. Taşıdıkları şey sadece görüntü değildi. Tanıklıktı.

Bir mesaj özellikle yayıldı. "Bu görüntü normal mi?" Bu soru, binlerce kez paylaşıldı. Çünkü cevap istemiyordu. Vicdan çağırıyordu.

Üniforma geri çekildi. Görev tamamlanmıştı. Ama görüntü, görevini yeni tamamlamaya başlıyordu. Çünkü artık sahne bitmemişti. Sahne yayılmıştı.

Gülten merdiven başında durdu. İlk kez ağladı. Sessizce. Çünkü artık yalnız değildi. Bu yalnız olmama hâli, acıyı azaltmıyordu. Ama anlamını değiştiriyordu.

Bu an, kişisel bir travma olmaktan çıkmıştı. Bir kamusal hafızaya dönüşmüştü.

Süleyman odaya geri döndüğünde Yusuf'a baktı.

"Anne birazdan gelecek," dedi.

Bu cümle, gerçeği söylemiyordu. Ama umudu koruyordu. Çünkü çocuklar için umut, gerçeğin önüne geçebilirdi. Şimdilik.

O gün herkes bir şey öğrendi.

Aile, yalnız olmadığını. Tanıklar, sessizliğin suç ortaklığı olduğunu. Sistem ise şunu:

Bazı kapılar kapandığında, başka kapılar açılır.

Ve bazen, bir üniforma bir yasayı başlatır.

Anne ve Çocuk – Zorla Kopuş

Ayrılık, bir kapının kapanmasıyla başlamadı. Kapı zaten kapanmıştı. Ayrılık, o kapıdan sonra başladı. Gülten koridorda yürürken, Yusuf'un sesini artık duymuyordu. Bu sessizlik, en ağır sesti. Çünkü bir çocuğun sesi kesildiğinde, dünya yanlış bir yere kaymış demekti.

Gülten durdu. Olduğu yerde. Duvara yaslandı. Elleri boştu. Bu boşluk, fiziksel değildi. Daha ağırdı. Çünkü anneler için boş kalan eller, dünyanın en yanlış hâlidir. El, tutmak için vardır. Bırakmak için değil.

O anda Yusuf'un ne yaptığını bilmiyordu. Bu bilmemek, kopuşun ilk aşamasıydı. Ayrılık, sadece aynı mekânda olmamak değildi. Birbirinin hâlinden habersiz kalmaktı. Gülten bunu iliklerine kadar hissetti.

Odanın içinde Yusuf vardı. Ama Gülten yoktu. Yusuf bunu hemen fark etti. Çocuklar ayrılığı uzun açıklamalarla anlamaz. Bir bakış, bir boşluk yeter.

"Anne?" dedi.

Bu kelime, odanın içinde asılı kaldı. Süleyman cevap vermedi. Çünkü cevap vermek, yalan söylemek ya da gerçeği kırmak demekti. Yusuf başını çevirdi. Kapıya baktı. Kapı kapalıydı. Bu kapalı hâl, Yusuf'un zihninde bir yere oturdu: *Anne dışarıda.*

Çocuklar için "dışarı", her zaman geri dönülebilir bir yerdir. Ama bu kez öyle değildi. Yusuf bunu henüz bilmiyordu. Ama bedeni biliyordu. Kalbi hızlandı. Nefesi sıklaştı.

"Anne gelmiyor mu?" diye sordu.

Süleyman diz çöktü. Yusuf'un göz hizasına indi.

"Birazdan," dedi.

Bu "birazdan", odayı ayakta tutan tek şeydi. Ama aynı zamanda kopuşu erteleyen bir yalandı. Süleyman bunu biliyordu. Ama başka kelime yoktu. Çocuklar için zaman, kelimelerle taşınırdı.

Koridorda Gülten çömeldi. Dizlerinin üzerine. İlk kez ağladı. Sessizce değil. İçinden koparak. Çünkü artık tutması gereken bir şey yoktu. O an annelik, fiziksel bir acıya dönüştü. Göğsünde. Boğazında. Kollarında.

Bir görevli uzaktan baktı. Yaklaşmadı. Çünkü bu sahnede yapılacak bir şey yoktu. Yapılabilecek her şey, zaten yapılmıştı. Geriye sadece tanıklık kalmıştı.

Gülten'in zihninde tek bir görüntü vardı: Yusuf'un elini bırakırken hissettiği o son sıcaklık. O sıcaklık, hâlâ avucundaydı. Ama Yusuf yoktu. İşte zorla kopuş buydu: Bağ kopmazdı. Ama bedenler ayrılırdı.

Bu ayrılık, doğal değildi. Zamanla oluşmamıştı. Hazırlanmamıştı.

Bu ayrılık, zorla olmuştu.

Ve zorla olan her şey gibi, iz bırakacaktı.

Derin. Silinmez. Ömürlük.

Yusuf, kapının kapalı kaldığını fark ettiğinde önce yerinden kıpırdamadı. Çocuklar ilk anda tepki vermez. Önce anlamaya çalışır. Anlamak için bakar, dinler, bekler. Yusuf da bekledi. Birkaç saniye. Sonra birkaç dakika. Kapı hâlâ kapalıydı. Anne hâlâ yoktu.

"Anne?" dedi bir kez daha.

Bu kez sesinde soru yoktu. Kontrol vardı. Çocuk, dünyayı kontrol etmeye çalışıyordu. Çünkü kontrol kaybolduğunda korku başlardı. Süleyman hâlâ yanındaydı. Ama Yusuf'un zihninde anne ve baba aynı şey değildi. Anne, geceydi. Anne, korkuydu. Anne, bedenin kendini bıraktığı yerdi.

Süleyman Yusuf'un elini tuttu. El sıcaktı ama tanıdık değildi. Tanıdık olan eksikti. Yusuf eli çekmedi ama gevşetti. Bu gevşeme, bir arayıştı. Anne eliyle karşılaştırma gibiydi. Bulamadı.

"Anne hasta mı?" diye sordu.

Bu soru, kopuşun çocuk mantığıydı. Çocuklar ayrılığı açıklamak ister. Sebep bulamazsa kendini suçlar ya da annesini korur. Yusuf annesini koruyordu. Hasta olmalıydı. Yoksa neden gitmiş olsun?

"Hayır," dedi Süleyman.

Sesi titremedi. Ama içi titriyordu.

"Beni bıraktı mı?" diye sordu Yusuf.

Bu soru, odanın içini parçaladı. Süleyman'ın içinden bir şey koptu. Çünkü bu soru, çocukların en ağır sorusudur. Bırakılmak. Terk edilmek. Sevilmemek.

"Hayır," dedi bu kez daha sert.

"Seni kimse bırakmadı."

Bu cümle doğruydu ama eksikti. Çünkü bırakılmamıştı ama alınmıştı. Zorla. Bu farkı Yusuf henüz bilmiyordu. Ama hissediyordu.

Yusuf yatağın kenarına doğru kaydı. Kapıya baktı. Kapının altından bir ışık sızıyordu. Bu ışık, annenin hâlâ bir yerde olduğunu söylüyordu. Ama kapalı kapılar, çocuklar için geçilemezdi.

Yusuf başını yastığa koydu. Ama uyumadı. Gözleri açıktı. Bu açık gözler, bir bekleyişti. Beklemek, çocuklar için en ağır iştir. Çünkü zaman, onlara hiçbir şey vermez.

Koridorda Gülten hâlâ aynı yerdeydi. Zaman onun için durmuştu. Ama içeride zaman ilerliyordu. Bu eşitsizlik, kopuşu derinleştiriyordu. Aynı anda farklı zamanlarda yaşamak, bağları zorlardı.

Gülten bir an ayağa kalkmak istedi. Kapıya yürümek. Yusuf'un adını söylemek. Ama adım atamadı. Çünkü atarsa, zorla kopuş gerçekten kopacaktı. Şimdi durmak, hâlâ bir ip olduğunu hissettiriyordu.

O ip görünmezdi. Ama kopmamıştı.

Yusuf, annesini aramaya devam ediyordu. Sormadan, ağlamadan. Sessizce. Bu sessiz arayış, en derin yarayı açardı. Çünkü kimse sessiz çığlığı duymazdı.

Zorla kopuş, işte böyle olurdu: Bağ kopmazdı. Ama çocuk, onu taşıyacak yer bulamazdı.

Gülten'in bedeni, Yusuf'tan ayrıldığı anı henüz kabul etmemişti. Zihin anlamaya çalışırken beden direnirdi. Bu direnç, ayakta kalmak gibiydi. Ama ayakta durmak, güçlü olmak demek değildi. Bazen sadece düşmemek demekti.

Gülten yürümeye başladı. Koridor boyunca. Ama nereye gittiğini bilmiyordu. Ayakları onu bir yere götürmüyordu; uzaklaştırıyordu. Yusuf'tan, odadan, kapıdan... Bu uzaklaşma, istemsizdi. Zorla kopuşun ikinci dalgasıydı bu: mesafe.

Göğsü sıkışıyordu. Bu sıkışma, nefessizlikten değildi. İçeride bir şey eksilmişti. Anne bedeni, çocuğun yokluğunu fiziksel olarak yaşardı. Gülten bunu ilk kez bu kadar net hissediyordu. Sanki vücudunun bir parçası alınmıştı ama yara kapatılmamıştı.

Bir bankta oturdu. Elleri dizlerinin üzerindeydi. Ama dizleri titriyordu. Titreme, korkudan değil; kontrolün kaybındandı. Çünkü artık kontrol edebileceği hiçbir şey yoktu. Zaman yoktu. Mekân yoktu. Sadece beklemek vardı.

Bir görevli yanından geçti. Yavaşladı. Gülten'e baktı. Bir şey söylemedi. Çünkü bu sahnede söylenecek hiçbir şey yoktu. Söylenen her şey ya eksik kalırdı ya fazla. O yüzden sessizlik tercih edildi. Sessizlik, bu zorla kopuşun resmi diliydi.

Gülten gözlerini kapattı. Yusuf'un kokusunu düşündü. Saçının kokusunu. Boynunun altındaki sıcaklığı. Bu düşünceler, bir süreliğine onu ayakta tuttu. Ama sonra daha da acıttı. Çünkü hatırlanan şeyler, yokluğun altını çizerdi.

Göğsünde bir ağrı hissetti. Gerçek bir ağrı. Fiziksel. Elini koydu. Kalbi hızlı atıyordu. Bu hız, korku değildi. Alarmdı. Anne bedeni, çocuğun yokluğunu tehlike olarak algılıyordu. Bu, ilkel bir refleks. Öğretilmemiş. Silinemez.

"Yanında olmalıyım," diye fısıldadı.

Ama bu fısıltı, kimseye ulaşmadı. Çünkü kapılar kapalıydı. Üniforma vardı. Süre vardı. Kurallar vardı. Anne olmak, bu listede yoktu.

Gülten bir an için ayağa kalktı. Kapıya doğru bir adım attı. Sonra durdu. Çünkü geri dönmek, sahneyi yeniden yaşamak demekti. Aynı cümleler, aynı bakışlar, aynı duvar. Bunu bir kez daha kaldıramayacağını hissetti.

Zorla kopuş, sadece çocuğu anneden ayırmazdı. Anneyi de kendinden ayırırdı.

Gülten artık kendisi değildi. Ama başka biri de değildi. Arada bir yerdeydi. Kimliği askıya alınmıştı. Ne tam anne, ne tam birey.

O sırada içeride Yusuf vardı. Annesiz. Ve bu iki ayrı mekânda yaşanan acı, aynı anda birbirini çağırıyordu. Ama kavuşamıyordu.

Bu çağrı, ileride bir gün yasaya dönüşecek bir çığlığın ilk titreşimiydi.

Yusuf'un bedeni, annesinin yokluğunu kelimelerden önce fark etti. Önce karnı ağrıdı. Bu ağrı, kemoterapiden farklıydı. Yeri yoktu. Sebebi yoktu. Gelip geçen bir sızı değildi. İçeride bir boşluk açılmıştı ve beden o boşluğu dolduracak bir şey arıyordu.

Süleyman yatağın kenarında duruyordu. Yusuf'un nefesini saymıyordu ama dinliyordu. Çünkü nefes değişmişti. Daha hızlıydı. Daha yüzeyseldi. Bu hız, panik değildi. Bir alarmdı. Çocuk bedeni, güven kaynağının yokluğunu tehlike olarak algılıyordu.

"Anne ne zaman gelecek?" diye sordu Yusuf.

Bu kez sesinde acele vardı. Zaman, çocuk için sıkışmıştı. Süleyman cevap vermedi. Çünkü her cevap, biraz daha yalan olacaktı. Bunun yerine Yusuf'un elini tuttu. El, hâlâ sıcaktı. Ama artık titriyordu.

Yusuf elini çekti.

"Anne eli gibi değil," dedi.

Bu cümle, kopuşun en net ifadesiydi. Karşılaştırma. Anne eliyle ölçülen dünya, artık ölçüsünü kaybetmişti. Süleyman'ın içinden bir şey yıkıldı. Ama yıkılmak için zamanı yoktu. Çünkü Yusuf'un önünde durması gerekiyordu.

Yusuf yatağın içinde kıvrıldı. Dizlerini karnına çekti. Bu duruş, korunma duruşuydu. Bebeklikten kalan bir refleks. Güven olmadığında beden, kendini küçültürdü. Küçülen beden, daha az hedef olurdu.

"Anne üşür mü?" diye sordu birden.

Bu soru, kopuşun çocuk mantığıydı. Anne yoksa, anne tehlikedeydi. Yusuf annesini düşünüyordu. Kendini değil. Bu düşünce, çocuğun yükünü daha da ağırlaştırıyordu.

Süleyman başını eğdi.

"Hayır," dedi.

"Anne iyidir."

Bu cümle, Yusuf'u sakinleştirmedi. Çünkü anne iyi olsa gelirdi. Çocuk mantığı bu kadar basitti. Basit olan şeyler, en zor olanlardı.

Yusuf bir süre sonra ağlamaya başladı. Sessizce değil. İçinden koparak. Bu ağlama, gecikmişti. Çünkü çocuk, önce anlamaya çalışmıştı. Şimdi anlamamış olmanın acısını yaşıyordu. Gözyaşları durmadı. Süleyman onu kucağına aldı. Ama Yusuf gevşemedi. Çünkü bu ağlama, sarılmakla geçmezdi.

Bu ağlama, zorla kopuşun bedendeki patlamasıydı.

Koridorda Gülten, Yusuf'un ağladığını duymadı. Ama hissetti. Anne bedeni, çocuğun ağlamasını mesafeden de tanırdı. Göğsü daha da sıkıştı. Nefesi kesildi. İki ayrı mekânda, aynı anda yaşanan acı, birbirini çağırıyordu. Ama kavuşamıyordu.

Yusuf ağlarken bir cümle söyledi.

"Anne beni bulsun."

Bu cümle, kopuşun doruk noktasıydı. Çünkü çocuk, artık gitmeyi değil, bulunmayı istiyordu. Bulunmak, varlığının onaylanmasıydı.

Ama anne, o an kapının ardındaydı.

Zorla kopuş, işte tam da buydu: Bir çocuğun bulunmak istemesi ve annenin buna gidememesi.

Yusuf'un ağlaması bir süre sonra kesildi. Ama bu kesilme, rahatlama değildi. Daha tehlikeliydi. Çünkü bazı ağlamalar bittiğinde acı bitmez; içeri çekilir. Yusuf'un bedeni yorulmuştu. Ses telleri susmuştu. Ama gözleri hâlâ ıslaktı. O ıslaklık, bir izdi. Geçecek gibi görünmüyordu.

"Anne beni bulsun," demişti.

Bu cümle, odanın içinde kalmadı. Süleyman'ın göğsüne yerleşti. Oradan çıkmadı. Çünkü bu cümle bir istek değildi. Bir ihtiyaçtı. Çocuğun var olabilmesi için gereken bir ihtiyaç. Ve bu ihtiyaç, bir kural yüzünden karşılanamıyordu.

Süleyman Yusuf'u kucağında tutuyordu. Ama bu tutuş, annesinin tuttuğu gibi değildi. Yusuf'un bedeni gevşemiyordu. Omuzları sertti. Parmakları hâlâ kasılıydı. Bu kasılma, tehlikenin geçtiğine inanmadığını gösteriyordu. Çünkü tehlike geçmemişti. Sadece şekil değiştirmişti.

"Buradayım," dedi Süleyman tekrar.

Ama bu kez kendi sesi bile ona uzak geldi.

Yusuf gözlerini kapattı. Uykuya geçmedi. Kapanan gözler, bir teslimiyet değildi. Bir savunmaydı. Görmezsem, daha az acırdı. Çocuklar bazen böyle korurdu kendini.

Koridorda Gülten bir süre sonra ayağa kalktı. Gözleri şişmişti. Ama bakışı netleşmişti. Çünkü ağlama bitmişti. Yerini başka bir şeye bırakmıştı: kararlılığa. Bu kararlılık, sakin değildi. Sertti. İçten içe yanıyordu.

"Bu böyle kalmayacak," dedi kendi kendine.

Bu cümle, bir slogan değildi. Bir söz de değildi. Bir yön tayiniydi. Çünkü Gülten o an anladı: Bu kopuş, sadece yaşanmak için yaşanmamıştı. Bu kopuş, bir şeyi değiştirmek için yaşanmıştı.

Zorla kopuşun en ağır tarafı şuydu:

Hiç kimse "bitti" dememişti. Ama herkes biliyordu ki bir şey geri dönülmez biçimde değişmişti.

Yusuf artık annesinin yokluğunu sadece o gün değil, her gün hatırlayacaktı. Gece. Ağrıda. Korkuda. Ve bu hatırlayış, onun çocukluğuna kazınacaktı. Gülten artık o kapının önünden her geçişinde aynı acıyı hissedecekti. Süleyman ise defterine her baktığında bu sahnenin neden kaydedildiğini bir kez daha anlayacaktı.

Bu sahne, hikâyenin duygusal zirvesiydi. Çünkü burada artık tartışma yoktu. Gerekçe yoktu. Savunma yoktu. Sadece çıplak bir gerçek vardı:

Bir çocuk, annesinden zorla ayrılmıştı.

Ve bu gerçek, ne mevzuatla örtülebilirdi ne de unutulabilirdi.

Bu an, yasaya giden yolun geri dönüşü olmayan noktasıydı.

Çünkü bazı yasalar, kitaplardan değil, işte tam bu tür kopuşlardan doğardı.

Koridor – Toplumsal Vicdan

Koridor artık bir geçiş alanı değildi. İnsanların odalara girip çıktığı, işlerini görüp uzaklaştığı nötr bir mekân olmaktan çıkmıştı. Koridor, beklenmedik biçimde bir durma alanına dönüşmüştü. İnsanlar artık geçmiyor, kalıyordu. Bu kalış, bilinçli değildi. Ama kendiliğinden de değildi. Bir şey olmuştu. Ve o şey, herkesi durmaya zorlamıştı.

Ayrılığın ardından koridor sessizleşmemişti. Aksine, ağırlaşmıştı. Sessizlik hâlâ vardı ama bu sessizlik boş değildi. İçinde bakışlar, nefesler, yarım kalmış cümleler vardı. Tanıklık böyle bir şeydi: konuşmadan bilmek.

Bir refakatçi, telefonunu çıkarıp ekrana baktı. Görüntü çoktan yayılmıştı. Üniforma, kapı, annenin arkası... Bu kare, artık sadece birkaç kişinin değil, yüzlerce kişinin gördüğü bir kareydi. Koridordaki insanlar bunu bilmese de hissediyordu. Çünkü bakışlar değişmişti. Artık herkes aynı şeyi görüyordu.

Bir hemşire durdu. Ellerini önlüğünün cebine soktu. Normalde hızlı yürürdü. Şimdi yavaşladı. Çünkü bu sahne, iş akışına sığmıyordu. İşin ritmi bozulmuştu. Ve bozulmalar, dikkat çekerdi.

Koridorun bir ucunda bir baba konuşmaya başladı. Sesini yükseltmedi. Ama sesi titriyordu.

"Bu normal mi?" dedi. Bu soru, bir kişiye sorulmadı. Koridora soruldu. Ve cevabı herkesin yüzünde vardı.

Bir kadın başını salladı.

“Değil,” dedi. Bu tek kelime, koridorun ilk açık cümlesiydi.

Telefonlar çoğaldı. Bazıları canlı yayındaydı. Bazıları mesaj yazıyordu. Bazıları sadece kaydediyordu. Bu kayıtlar, planlı değildi. Ama bilinçliydi. Çünkü artık herkes şunu biliyordu: Bu an geçip giderse, yarın inkâr edilebilirdi.

Sosyal medyada yorumlar artıyordu.

“Bu bir çocuğa yapılır mı?”

“Bu bir annenin hakkı değil mi?”

Bu sorular, koridorun içinde yankılanmıyordu. Ama koridorun anlamını değiştiriyordu. Çünkü artık koridorun bir dışı vardı. Ve dışarıda insanlar vardı.

Süleyman odadaydı. Yusuf'un başındaydı. Ama koridordaki değişimi hissediyordu. Çünkü odanın içindeki hava da değişmişti. Yusuf'un ağlaması kesilmişti ama ortam gergindi. Bu gerginlik, yalnızlıktan değil; kalabalıktan geliyordu. Kalabalık, bazen insanı daha yalnız hissettirirdi. Ama bu kez öyle değildi.

Gülten, koridorun bir ucunda duruyordu. İnsanlar ona bakmıyordu. Ama herkes onun orada olduğunu biliyordu. Bu bilme hâli, onu korumuyordu ama görünür kılıyordu. Görünürlük, artık bir zayıflık değildi.

Koridor, bir mekân olmaktan çıkıyordu. Bir hafızaya dönüşüyordu.

Ve hafızalar, bir kez oluştu mu, toplumsallaşırdı.

Bu an, toplumun hikâyeye ilk kez fiilen girdiği andı.

Canlı yayınlar başladığında, koridorun sınırları kırıldı. Artık bu alan, hastanenin bir katıyla sınırlı değildi. Ekranlar açıldıkça koridor uzuyor, başka evlere, başka şehirlere, başka zihinlere giriyordu. Koridor, dijital olarak çoğalıyordu. Ve bu çoğalma, geri döndürülemezdi.

Bir telefon, diğerine bağlandı. Bir görüntü, başka bir hesaba düştü. Yorumlar aynı anda akıyordu. Kimisi öfkeliydi, kimisi ağlıyordu, kimisi sessizce izliyordu. Ama kimse "geçelim" demiyordu. Çünkü bu sahne geçilecek bir sahne değildi. Kalınması gerekiyordu.

Koridordaki insanlar telefonlarına bakarken aynı anda birbirlerine bakıyordu. Bu bakışlarda bir ortaklık oluşmuştu. Tanımadıkları hâlde aynı şeyi hissediyorlardı. Bu his, dayanışma değildi henüz. Daha hamdı. Daha ilkeldi. Vicdandı.

Bir kadın canlı yayında konuştu. Yüzü görünmüyordu. Sesi titriyordu.

"Ben de aynı şeyleri yaşadım," dedi. Bu cümle, zincirin ilk halkasıydı. Ardından başkaları yazdı. Yorumlar çoğaldı. Aynı hikâyeler, farklı kelimelerle döküldü. Bu tekrar, bireysel acıyı ortak bir dile dönüştürüyordu.

Koridorda duran bir görevli telefonuna baktı. Kaşları çatıldı. Bu çatılma, kızgınlık değildi. Endişeydi. Çünkü artık kontrol kayboluyordu. Kontrolün kaybolduğu yerde yetki sorgulanırdı. Bu sorgulama, sistem için tehlikeliydi.

Gülten bu yayını izlemiyordu. Ama etkisini hissediyordu. İnsanlar yanından geçerken daha yavaş geçiyor, bakışlarını kaçırmıyordu. Bu bakışlar acıma değildi. Tanımaydı. Tanınmak, yalnızlığın azalması demekti.

Bir adam durdu. Gülten'e yaklaştı.

"Yanınızdayız," dedi. Bu cümle kısa ama ağırdı. Çünkü ilk kez biri, bu sahnede taraf oluyordu. Taraf olmak, risk almaktı. Ama vicdan, riskten korkmazdı.

Sosyal medyada tepkiler hızlandı. Etiketler oluştu. Aynı cümle tekrarlandı:

"Bu bir kural meselesi değil." Bu cümle, hikâyenin çerçevesini değiştiriyordu. Çünkü mesele artık prosedür değildi. Mesele insandı.

Süleyman'ın telefonu çaldı. Tanımadığı bir numara. Açmadı. Çünkü bu an, konuşma anı değildi. Bu an, dinleme anıydı. Toplum konuşuyordu. Ve konuşan toplum, hikâyeyi kendi sesine alıyordu.

Koridor artık sadece tanıklık edilen bir yer değildi. Tepki üretilen bir yerdi. Tepki, kalabalıkla birleştiğinde bir güce dönüşürdü. Bu güç, hemen sonuç üretmezdi. Ama yön belirlerdi.

Bu anda herkes şunu hissetti:

Bu sahne, yalnızca bir ailenin hikâyesi değil.

Bu sahne, hepimizin sınandığı bir an.

Ve sınandığımız anlar, toplumsal vicdanı uyandırırdı.

Tepkiler çoğaldıkça yön değiştirmeye başladı. İlk saatlerde duyguydu baskın olan. Şaşkınlık, öfke, empati... Ama zaman ilerledikçe bu duygular tek bir noktaya akmaya başladı: *Muhatap kim?* Toplumsal vicdan, bir süre sonra yalnızca hissetmekle yetinmezdi. Hesap sormak isterdi.

Sosyal medyada aynı sorular tekrarlandı.

"Kim karar verdi?"

"Hangi mevzuata göre?"

"Bu uygulamanın sorumlusu kim?"

Bu sorular, rastgele değildi. Bir yönü vardı. Kurumlara, makamlara, unvanlara doğru akıyordu. Etiketler değişti. Başta ailenin adı konuşulurken, artık kurum isimleri anılmaya başlanmıştı. Bu değişim, hikâyenin kişisellikten çıktığını gösteriyordu.

Koridorda bu değişim hissediliyordu. İnsanlar artık fısıldamıyordu. Alçak sesle ama net konuşuyordu.

"Bunun açıklaması yapılmalı."

"Birileri çıkıp konuşmalı."

Bu cümleler, daha önce bu koridorda kurulmamış cümlelerdi. Çünkü hastane koridorları genellikle sessiz kabuldür. Ama bu kez kabul yoktu. Tanıklık, talebe dönüşmüştü.

Bir görevli telaşla yürüdü. Telefonu kulağındaydı. Konuşurken başını eğiyordu. Bu eğilme, saygı değildi. Baskıydı. Çünkü yukarıdan birileri aranmaya başlamıştı. Tepkiler, dijitalden fiziksele sızıyordu.

Gülten bu hareketliliği izledi. İçinde bir rahatlama olmadı. Çünkü rahatlamak için çok erkendi. Ama şunu hissetti: artık tek başına değildi. Bu his, acıyı silmiyordu ama yönünü değiştiriyordu. Acı, yalnızken içine çökerdi. Kalabalıkta ise dışarı taşardı.

Süleyman odadaydı. Yusuf'un başındaydı. Ama telefonuna gelen mesajlar artık farklıydı.

"Basın açıklaması yapacaklar."

"Yetkililerden dönüş var."

Bu cümleler, birkaç saat önce imkânsız görünürdü. Şimdi konuşuluyordu. Bu konuşulma hâli bile bir şeydi. Çünkü sistem, konuşmadıkça güçlüydü. Konuşmaya zorlandığında çatlaklar oluşurdu.

Koridorda bir kadın yüksek sesle konuştu.

"Bu çocuğun annesi suçlu değil," dedi.

Bu cümle, vicdanın netleştiği andı. Çünkü suçlu aramak, toplumun refleksidir. Ama bu kez toplum, yanlış yerde suç aramadığını fark etmişti.

Bir başka kişi ekledi:

"Bu hepimizin başına gelebilir."

Bu cümle, hikâyeyi evrenselleştirdi. Artık mesele Yusuf değildi. Gülten değildi. Süleyman değildi. Mesele, herkesin başına gelebilecek bir şeydi. Ve bu fark ediş, vicdanı kolektif hâle getirirdi.

Koridor artık sadece bir tanıklık alanı değil, bir baskı alanıydı. Sessiz ama yoğun bir baskı. Kurumlar bu baskıyı hissederdi. Çünkü bu baskı, geçici bir öfke değildi. Süreklilik taşıyordu.

Toplumsal vicdan uyanmıştı. Ve uyanan vicdan, uyutulmayı sevmezdi.

İlk açıklama gecikmedi. Ama erken de değildi. Tam zamanında gelmiş gibi yapıldı. Sosyal medyada bir metin dolaşıma girdi. Kurumsal bir dildi bu. Kim tarafından yazıldığı belli olmayan, ama herkesin kimin yazdığını bildiği bir dil.

"Mevzuat çerçevesinde hareket edilmiştir."

"Hasta güvenliği önceliğimizdir."

"Yanlış anlaşılmalar giderilecektir."

Bu cümleler, koridorda yankılandı. Ama yankı, kabul anlamına gelmedi. Aksine, bir boşluk yarattı. Çünkü bu açıklamada bir şey eksikti. İnsan.

Koridordaki insanlar metni okudu. Kimisi başını salladı. Kimisi kaşlarını çattı. Kimisi sessizce telefonunu cebine koydu. Bu sessizlik, onay değildi. Hayal kırıklığıydı. Çünkü açıklama, yaşanan sahneyi anlatmıyordu. Sahneyi kapatmaya çalışıyordu.

Bir kadın yüksek sesle konuştu.

"Bu ifadeler, az önce gördüğümüzü açıklamıyor."

Bu cümle, vicdanın çıtasını yükseltti. Artık mesele sadece "bir açıklama yapılsın" değildi. Doğru açıklama yapılsındı. Kurumlar konuşmuştu ama toplum dinlemiyordu. Çünkü konuşulan ile görülen arasında uçurum vardı.

Sosyal medyada tepkiler değişti.

"Bu açıklama yeterli değil."

"Özür yok."

"Sorumluluk yok."

Bu üç kelime, yüz binlerce kez paylaşıldı. Çünkü insanlar artık ne istediklerini biliyordu. Bir prosedür savunması değil, bir yüzleşme istiyorlardı.

Koridorda bir görevli daha hızlı yürümeye başladı. Telefonu tekrar kulağındaydı. Konuşurken cümleleri kısaydı. "Evet... gördüm... hayır, yeterli değil diyorlar..." Bu konuşma, kurumsal dilin duvara çarptığını gösteriyordu.

Gülten açıklamayı okuduğunda hiçbir şey hissetmedi. Ne rahatlama ne öfke. Çünkü bu metin, onun yaşadığını tanımıyordu. Tanımayan şey, iyileştiremezdi. Ama şunu fark etti: toplum da aynı şeyi hissediyordu.

Süleyman açıklamayı deftere yazmadı. Çünkü bu bir belge değildi. Bir savunmaydı. Savunmalar geçiciydi. Ama tepki kalıcıydı.

Bir kullanıcı şunu yazdı:

"Bu açıklama, sorunun kendisi."

Bu cümle yayıldı. Çünkü özetti. Kurumlar, alışık oldukları dili kullanmıştı. Ama toplum artık o dili kabul etmiyordu. Bu reddiye, sessiz ama kararlıydı.

Koridor, bu reddiyenin fiziksel karşılığıydı. İnsanlar dağılmıyordu. Bekliyordu. Beklemek, bu kez pasif değildi. Bir şey daha bekleniyordu. Daha net, daha insani, daha gerçek bir karşılık.

Toplumsal vicdan, ilk cevabı yeterli bulmamıştı.

Ve bu çok önemliydi. Çünkü bu, hikâyenin kontrolünün artık kurumlarda olmadığını gösteriyordu.

Koridor boşalmadı. Saatler geçti ama insanlar gitmedi. Bu kalış, tesadüf değildi. Kimse "bekleyelim" dememişti ama herkes bekliyordu. Çünkü artık burada bulunmak, bir tercih değil, bir duruştu. Koridor, o gün ilk kez bir mekân değil; bir tavır hâline geldi.

Kurumsal açıklamaların yetersizliği, insanları dağıtmadı. Aksine, daha da bir araya getirdi. Çünkü açıklama gelmişti ama yaşanan hâlâ açıklanamıyordu. Bu boşluk, vicdanın alanıydı. Ve vicdan, boşlukta daha yüksek sesle konuşurdu.

Bir genç telefonunu cebine koyduktan sonra şöyle dedi:

"Bu unutulmamalı."

Bu cümle, koridorun duvarlarına asılmış gibiydi. Çünkü herkes aynı şeyi hissediyordu. Unutulmamalı. Unutulan şeyler tekrar ederdi. Hatırlananlar ise değiştirirdi.

Sosyal medyada paylaşımlar artık sadece anlık tepki değildi. İnsanlar bu anı kayda geçirme ihtiyacı hissediyordu. "Bugün burada olanlar" diye başlayan cümleler çoğaldı. Tarih atıldı. Saat yazıldı. Mekân belirtildi. Bu ayrıntılar, bir hafıza inşa ediyordu. Koridorun hafızası.

Bir gazeteci ikinci bir haber için geri döndü. Bu kez daha farklı sorular soruyordu.

"Bu olaydan sonra ne değişecek?" Bu soru, hikâyenin yönünü değiştirdi. Çünkü artık mesele "ne oldu" değil, "ne olacak"tı. Toplumsal vicdan, geleceğe dönmüştü.

Gülten bu soruyu duyduğunda ürperdi. Çünkü değişim, onun acısını hafifletmeyecekti. Ama başkalarının acısını önleyebilirdi. Bu düşünce, ilk kez acısının anlamını değiştirdi. Acı, sadece yaşanmış bir şey olmaktan çıkıyordu. Bir sebebe dönüşüyordu.

Süleyman defteri tekrar açtı. Bu kez yeni bir başlık attı.

"Tanıklar."

Bu başlık, defterdeki en kalabalık başlıktı. Çünkü artık tanık tek kişi değildi. Koridordaki herkes, ekrandaki herkes, bu anı gören herkes birer tanıktı. Tanıklık, kişisel olmaktan çıkmıştı. Toplumsallaşmıştı.

Koridorun ışıkları aynıydı. Duvarlar aynıydı. Zemin aynıydı. Ama koridor artık eskisi gibi değildi. Çünkü bir mekân, tanıklık ettikleriyle değişirdi. Bu koridor, bir annenin zorla çıkarılışına tanıklık etmişti. Ve bu tanıklık, onu nötr olmaktan çıkarmıştı.

Artık burası, sadece hastanenin bir katı değildi. Burası, toplumsal vicdanın ayağa kalktığı yerdi.

Kimse slogan atmadı. Kimse bağırmadı. Ama herkes biliyordu: Bu sahne, bir dosya kapanışıyla bitmeyecekti. Çünkü dosyalar kapanabilirdi ama hafızalar kapanmazdı.

Ve hafıza bir kez oluştu mu, bir süre sonra talebe dönüşürdü. Talep ise, yasayı çağırırdı.

Koridor sessizdi. Ama bu sessizlik, artık itaat değildi.

Bu sessizlik, hatırlayan bir toplumun sessizliğiydi.

Çöküşten Kararlılığa

Süleyman o gece odada yalnız kaldı. Yusuf uyuyordu. Ya da uyuyor gibiydi. Bu ikisi arasındaki farkı ayırt edecek hâli yoktu artık. Çocuğun göğsü inip kalkıyordu, evet. Ama bu yeterli değildi. Çünkü baba olmak, sadece nefes alındığını görmekle yetinemezdi.

Oturdu. Sandalyeye. İlk kez uzun süre kıpırdamadan. Defter masadaydı. Açmadı. Açmak istemedi. Çünkü defter, şimdiye kadar tuttuğu her şeyi yüzüne vurabilirdi. Saatler, tarihler, reddedilişler, kapılar... Ve en son: üniforma.

Süleyman başını ellerinin arasına aldı. Bu hareket, düşünmek için değildi. Dağılmamak içindi. Çünkü artık düşünceler düzenli gelmiyordu. Üst üste biniyordu. Aynı anda konuşuyordu. Ben ne yaptım? Yeterince yaptım mı? Daha önce yapsaydım bu olur muydu?

Bu soruların hiçbirinin cevabı yoktu. Ama hepsi aynı noktaya çıkıyordu: yetersizlik. Süleyman ilk kez kendini bu kadar yetersiz hissetti. Baba olarak. Eş olarak. İnsan olarak.

Gülten yoktu. Fiziksel olarak. Ama Süleyman'ın zihninde her yerdeydi. Kapının önünde. Koridorda. Üniformanın karşısında. Onu orada bırakan sistem değil, sanki kendisiydi. Bu düşünce, Süleyman'ın içini parçaladı. Çünkü insan, başkasını affedebilirdi. Ama kendini affetmek daha zordu.

Ayağa kalktı. Pencereye gitti. Dışarı baktı. Şehir ışıkları yanıyordu. Hayat devam ediyordu. Bu devamlılık, Süleyman'ı rahatlatmadı. Öfkelendirmedi de. Sadece boşalttı. Çünkü onun hayatı o an durmuştu. Ve durmuş bir hayat, hareket eden her şeye yabancılaşırdı.

"Ben buradayım," diye fısıldadı.

Bu cümleyi kime söylediğini bilmiyordu. Kendine mi? Yusuf'a mı? Gülten'e mi? Belki hepsine. Ama cümle havada kaldı. Karşılık bulmadı. Çünkü Süleyman'ın içindeki ses daha yüksek konuşuyordu: Ama yetmedi.

İşte çöküş tam da buydu. Ağlamak değildi. Bağırmak değildi. Yere yığılmak değildi. Çöküş, insanın kendini ilk kez tamamen etkisiz hissetmesiydi. Süleyman o gece bunu yaşadı.

Deftere uzandı. Sonra vazgeçti. Çünkü yazacak gücü yoktu. Yazmak, bir mesafe isterdi. Oysa Süleyman mesafenin içindeydi. Henüz dışına çıkamamıştı.

Yusuf kıpırdandı. Küçük bir ses çıkardı. Süleyman hemen yanına gitti. Elini çocuğun omzuna koydu. O omuz hâlâ oradaydı. Sıcaktı. Gerçekti. Bu temas, Süleyman'ı tutan tek şeydi.

O an şunu fark etti:

Çöküş, bitiş değildi. Ama devam edememe hâliydi.

Ve bu hâl, ya insanı tamamen durdururdu ya da çok sert bir karara zorlardı.

Süleyman henüz bilmiyordu. Ama bu geceden sonra hiçbir şey eskisi gibi olmayacaktı.

Gece ilerledikçe Süleyman'ın içindeki sesler çoğaldı. Sessizlik artık dinlendirici değildi; saldırgandı. Çünkü sessizlikte insan kendisiyle baş başa kalırdı. Süleyman da kalmıştı. Ve bu baş başalık, hiç adil değildi.

Suçluluk ağır basıyordu. Ama tek bir yere bağlı değildi. Parça parçaydı. *Daha önce itiraz etmeliydim. O gün daha sert konuşmalıydım. Kapının önünde durmalıydım. Üniformanın karşısına dikilmeliydim.* Bu "malıydım"lar, Süleyman'ın zihninde birer tokat gibiydi. Hiçbiri artık işe yaramıyordu ama hepsi can yakıyordu.

Bir an için öfke geldi. Sert, yakıcı bir öfke. Kuruma. Kurallara. Üniformaya. Ama bu öfke uzun sürmedi. Çünkü Süleyman'ın öfkesi dışarı çıkamıyordu. Yusuf'un yanında bağırılmazdı. Gülten'in yokluğunda küfredilmezdi. Öfke içeride sıkıştı. Sıkışan öfke ise insanı yorar.

Tükenmişlik geldi ardından. Bu tükenmişlik, "yorgunum" demek değildi. Daha derindi. Ayağa kalkacak gücü olmak ama kalkmak istememekti. Çünkü kalkınca yine mücadele başlayacaktı. Ve mücadele, artık sadece sistemle değil; zamanla, vicdanla, toplumla yapılacaktı.

Süleyman sandalyeden kaydı. Dizlerini karnına çekti. Başını öne eğdi. Bu duruş, güçlü bir adamın duruşu değildi. Ama gerçekti. Ve gerçeklik, bazen güçten daha kıymetliydi.

Kendi kendine konuşmaya başladı. Sessizce.

"Ben ne yapabilirim ki?" Bu soru, çöküşün merkezindeydi. Çünkü bu sorunun altında tek bir varsayım vardı: *Hiçbir şey.*

İşte bu varsayım, Süleyman'ı en dip noktaya indirdi. Çünkü insan, kendini tamamen etkisiz hissettiğinde çöker. Mücadele eden biri için bu his, ölüm gibiydi. Çünkü kimliği oradaydı. Süleyman'ın kimliği de mücadeleye bağlanmıştı.

Bir an için her şeyi bırakmayı düşündü. Dilekçeleri. Sosyal medyayı. Görüşmeleri. Defteri. *Yeter,* dedi içinden. *Artık yeter.* Bu "yeter", bir isyan değildi. Bir teslimiyetti.

Ama tam o sırada Yusuf'un nefesi değişti. Küçük bir inleme. Uykuyla uyanıklık arasında. Süleyman irkildi. Ayağa fırladı. Çocuğun yanına gitti. Elini tuttu. Yusuf'un parmakları, refleksle sıkıldı.

Bu sıkış, Süleyman'ı yere çarptı. Ama bu kez yere değil, gerçeğe. Çünkü o an anladı: *Bırakmak* bir seçenek değildi. Yorulmak mümkündü. Çökmek mümkündü. Ama bırakmak, Yusuf'un elini bırakmak demekti. Ve bu, Süleyman'ın yapamayacağı tek şeydi.

Öfke geri geldi. Ama bu kez dağınık değildi. Suçluluk geri geldi. Ama yön değiştirmişti. Tükenmişlik oradaydı. Ama artık tek başına değildi. Bu üç duygu, ilk kez aynı yönde hizalanıyordu.

Bu hizalanma, çöküşün sonuydu. Henüz karar yoktu. Henüz plan yoktu.

Ama şunu çok net biliyordu: Buradan geri dönülmeyecekti.

Çünkü en dip noktaya inmişti. Ve dipten sonra tek yön vardı: yukarı.

Çöküşten sonra gelen sessizlik, önce boşluk gibi hissettirdi. Süleyman sandalyede öylece oturdu. Başını kaldırmadı. Zaman geçti ama saymadı. Çünkü bu sessizlik, artık yorgunluğun sessizliği değildi. Daha derindi. Zihnin kendini toparlamaya çalıştığı o nadir anlardan biriydi.

Düşünceler ilk kez sıraya girmeye başladı. Bağırmıyorlardı. Üst üste binmiyorlardı. Sanki içlerinden biri öne çıkmış, diğerlerini susturmuştu. O düşünce basitti: *Bu böyle kalamaz.*

Bu cümle, bir öfke cümlesi değildi. Bir isyan da değildi. Daha çok, net bir tespitti. Süleyman bu cümleyi içinden birkaç kez tekrarladı. Her tekrarında biraz daha ağırlaştı. Çünkü bu cümle, bir sonuç doğuruyordu. Ve sonuçlar, sorumluluk demekti.

Ayağa kalktı. Yavaşça. Bu kalkış acele değildi. Kararlı da değildi henüz. Ama düşmüş bir insanın ayağa kalkışıydı. Vücudu hâlâ ağırdı ama zihni daha netti.

Defteri aldı. Bu kez açtı. Sayfaları hızlı hızlı çevirmedi. Son sayfaya gitmedi. En başa da dönmedi. Ortalarda bir yerde durdu. Orada yazılmış bir cümleye baktı:

"Bu kayıtlar yalnız kalmamak içindir."

Bu cümle, aylar önce yazılmıştı. Ama şimdi başka bir anlamı vardı. Yalnız kalmamak artık bir teselli değildi. Bir stratejiydi. Çünkü yalnız kalmamak, güç demekti. Güç ise değişim demekti.

Süleyman kalemi eline aldı. Uzun süre yazmadı. Çünkü yazmak, artık sadece kaydetmek değildi. Yazmak, yön tayin etmekti. Ve yanlış bir yön, her şeyi dağıtabilirdi.

Zihninde bir tablo oluşmaya başladı. Dilekçeler. Reddedilişler. Sosyal medya. Tanıklar. Koridor. Üniforma. Anne. Çocuk. Bunlar artık ayrı ayrı sahneler değildi. Bir zincirdi. Ve zincirin her halkası, bir sonrakini zorunlu kılıyordu.

İşte bu noktada karar belirmeye başladı. Henüz cümleye dökülmemişti. Ama şekli vardı. Bu mücadele, bireysel bir hak arayışı olarak kalamazdı. Çünkü bireysel kaldığında sistem yutar, ezer, unutturrurdu. Bu mücadele, kalıcı bir şeye dönüşmeliydi.

Süleyman bir an durdu. Yusuf'a baktı. Çocuk uyuyordu. Yüzü yorgundu ama sakindi. Bu sakinlik, Süleyman'ı korkutmadı. Aksine, onu yere bastı. Çünkü bu sakinliği korumak için ne yapılması gerektiğini artık biliyordu.

"Bir daha," dedi içinden, "bir daha böyle olmayacak."

Bu cümle, intikam cümlesi değildi. Bir tehdit hiç değildi. Bu cümle, bir sınır çizgisiydi. Ve sınırlar, insanın kendini yeniden inşa ettiği yerlerdi.

Süleyman o an şunu fark etti:

Çöküş, onu parçalamamıştı. Onu sadeleştirmişti.

Artık neyin önemli olduğunu biliyordu. Artık neyin vazgeçilebilir olduğunu da.

Karar henüz yüksek sesle söylenmemişti. Ama zihinde artık netti.

Ve netleşen kararlar, er ya da geç dünyayı zorlar.

Karar, bir anda söylenen büyük bir cümleyle gelmedi. Süleyman ayağa kalktığında "şunu yapacağım" demedi. Karar, daha sessiz bir biçimde kendini belli etti. Ne yapmayacağını fark ederek. Çünkü bazı anlarda yön, seçenekleri çoğaltarak değil; seçenekleri kapatarak belirlenirdi.

Süleyman defteri kapattı. Kalemi masaya bıraktı. Bu bırakış, yazmaktan vazgeçmek değildi. Yazının artık tek başına yeterli olmadığını kabul etmekti. Yazmak devam edecekti. Ama yazının amacı değişmişti. Kayıt tutmak için değil; değiştirmek için.

Gülten'i düşündü. Koridordaki hâlini. Kapının önünde duruşunu. Sessizliğini. Bu sessizlik, kabulleniş değildi. Daha çok, içten içe sertleşen bir şeydi. Süleyman bunu biliyordu. Çünkü Gülten susarken güçlenirdi. Konuştuğunda değil.

Gülten odaya döndüğünde yüzünde yorgunluk vardı ama dağılma yoktu. Gözleri kızarmıştı ama bakışı netti. Süleyman bu bakışı gördüğünde kararını ilk kez dışarıdan duydu. Henüz kelimeye dökülmemişti ama Gülten anlamıştı.

"Böyle kalmayacak," dedi Gülten.

Bu cümle, Süleyman'ın içindeki kararı mühürledi. Çünkü karar, tek başına alındığında zayıf olurdu. Paylaşıldığında ise sertleşirdi. Süleyman başını salladı.

"Hayır," dedi. "Böyle kalmayacak."

Bu iki cümle arasında bir anlaşma vardı. Konuşulmamış ama net. Geri dönüş yoktu. Çünkü geri dönüş, bu sahnenin yaşandığını inkâr etmek demekti. İnkâr ise yeni kopuşlara yol açardı.

Süleyman o an fark etti: Artık amaç, sadece Yusuf'un yanında kalmak değildi. Bu zaten en temeliydi. Ama yeterli değildi. Çünkü Yusuf büyüyecekti. Başka çocuklar da olacaktı. Ve bu kural, bu biçimde kaldığı sürece aynı kopuşlar yaşanacaktı.

Karar işte burada sertleşti. Kişisel olmaktan çıktı. *Benim başıma geldi* noktasından, *bir daha kimsenin başına gelmemeli* noktasına geçti. Bu geçiş, mücadelenin doğasını değiştirdi.

Süleyman ilk kez net bir cümle kurdu. Kendi içinde.

"Bu değişecek."

Bu cümlede *nasıl* yoktu. *Ne zaman* da yoktu. Çünkü o ayrıntılar sonra gelecekti. Şimdi önemli olan tek şey vardı: yön. Ve yön, artık belliydi.

Yusuf hafifçe kıpırdandı. Süleyman yanına gitti. Elini tuttu. Bu kez Yusuf'un parmakları gevşedi. Bu gevşeme, her şeyin düzeldiği anlamına gelmiyordu. Ama bir şeyin yerine oturduğunu gösteriyordu.

Çöküş geride kalmıştı. Ama izleri silinmemişti.

Ve bu izler, kararın yakıtı olacaktı.

Süleyman artık şunu biliyordu:

Bu mücadele, yorucu olacaktı. Uzun olacaktı. Yıpratıcı olacaktı.

Ama geri dönüş yoktu.

Çünkü bazı kararlar, verildiği anda değil, geri alınmadığı anda kesinleşirdi.

Karar artık sessiz değildi. Süleyman onu içinde taşımıyordu; adı olan bir şeye dönüştürüyordu. İsim vermek, insan zihninde çok şey değiştirirdi. İsmi olmayan acı dağılırdı. İsmi olan acı ise yön bulurdu.

Süleyman defteri yeniden açtı. Bu kez tarih atmadı. Saat yazmadı. O ayrıntılar artık ikinci plandaydı. Sayfanın en üstüne tek bir cümle yazdı. Büyük harflerle değil. Abartmadan. Ama geri silinemeyecek bir netlikle.

"Bu yaşananlar tekrar etmeyecek."

Bu bir temenni değildi. Bir hedef de değildi. Bir taahhüttü. Kime verildiği belli olmayan ama herkesi kapsayan bir taahhüt.

O an Süleyman şunu fark etti: Karar, onu rahatlatmamıştı. Hafifletmemişti. Tam tersine, omuzlarına yeni bir ağırlık bindirmişti. Çünkü karar almak, sorumluluğu kabul etmek demekti. Artık şikâyet edemezdi. Artık "olmuyor" diyemezdi. Artık *yapmak* zorundaydı.

Gülten'e baktı. Göz göze geldiler. Uzun uzun. Bu bakışta acı vardı. Ama dağınık değildi. Toplanmıştı. Odaklanmıştı. Gülten başını hafifçe salladı. Onaylamak için değil. Hazır olduğunu göstermek için.

"Ne olursa olsun," dedi Gülten, "bunu bırakmayacağız."

Bu cümle, Süleyman'ın yazdığı cümleyi tamamladı. Çünkü karar, tek başına alındığında bir yük olurdu. Paylaşıldığında ise bir yapı kurardı. Bu yapı, kırılabilirdi. Ama dağılmazdı.

Süleyman o an ilk kez ileriye baktı. Net bir plan yoktu. Yol haritası yoktu. Ama bir yön vardı. Hukuk. Mevzuat. Tanıklar. Toplum. Ve en önemlisi: kayıt altına alınmış bir hak ihlali. Bunlar, bir mücadelenin temel taşlarıydı.

Yusuf hâlâ uyuyordu. Süleyman yanına gitti. Elini tuttu. Bu kez Yusuf'un eli sıcaktı ama gevşekti. Bu gevşeklik, huzur demek değildi. Ama güvenin geri dönmeye çalıştığını gösteriyordu. Bu küçük işaret, Süleyman'ın kararını daha da sertleştirdi.

"Bunu senin için yapmıyorum sadece," diye fısıldadı.

"Senin gibi olan herkes için."

Bu cümle, Süleyman'ın içindeki dönüşümü tamamladı. Artık mesele yalnızca bir baba olarak dayanmak değildi. Bir yurttaş olarak değiştirmekti. Bir tanık olarak konuşmaktı. Bir fail değil, bir dönüştürücü olmaktı.

Çöküş geride kalmıştı. Ama izleri silinmemişti.

Ve bu izler, bir daha kimsenin aynı yerden düşmemesi için yol işareti olacaktı.

Bu noktadan sonra geri dönüş yoktu.

Çünkü karar verilmişti. Ve karar, artık sadece Süleyman'a ait değildi.

Bu karar, bir yasaya giden yolun ilk bilinçli adımıydı.

Yusuf Kerim Yasası – Kolektif Bir Mecburiyet

Yasa fikri bir sabah ansızın doğmadı. Bir masa etrafında, birkaç kişinin "bunu değiştirelim" demesiyle de ortaya çıkmadı. Bu fikir, uzun süre adı konmadan dolaştı. Mesajlarda. Koridorlarda. Paylaşımlarda. Sessiz cümlelerin arasında.

İlk günlerde kimse "yasa" demiyordu. Çünkü yasa, büyük bir kelimeydi. Ağırdı. Ulaşılması zor görünürdü. İnsanlar daha çok şunu söylüyordu:

"Bu böyle olmamalı."

"Bir daha yaşanmamalı."

"Bunun bir yolu olmalı."

Bu cümleler, dağınık gibiydi. Ama aynı yöne bakıyordu. Ve aynı yöne bakan cümleler, zamanla birleşirdi.

Süleyman bu cümleleri okudukça şunu fark etti: Artık kendisi konuşmuyordu. Onun yaşadığını anlatan yüzlerce insan vardı. Başka şehirlerden. Başka hastanelerden. Başka çocuklardan. Hikâyeler farklıydı ama kırılma noktası aynıydı. Refakat. Süre. Zorla ayrılık.

İlk kez biri bir mesajın sonunda şu cümleyi yazdı:

"Bu ancak yasayla çözülür."

Bu cümle, sohbetin yönünü değiştirdi. Çünkü yasa demek, talebi resmileştirmek demekti. Resmileşen talep, görmezden gelinemezdi. Ama aynı zamanda büyük bir sorumluluktu. Çünkü yasa, duyguyla değil; gerekçeyle yapılırdı.

Gönüllülerden oluşan küçük bir grup, yaşananları maddeler hâline getirmeye başladı. Kimse liderlik etmiyordu. Kimse "ben yazıyorum" demiyordu. Birisi yazıyor, diğeri düzeltiyor, bir başkası itiraz ediyordu. Bu itirazlar, çatışma yaratmıyordu. Aksine, metni sağlamlaştırıyordu.

Süleyman bu süreci izledi. Yönlendirmedi. Çünkü bu kez merkezde olmak istemiyordu. Merkezde olursa, mesele yine kişisel kalabilirdi. Oysa amaç tam tersiydi. Bu iş, Yusuf için başlamıştı ama Yusuf'la sınırlı kalamazdı.

Bir gönüllü şunu yazdı:

"Bu yasanın adı ne olacak?"

Bu soru, herkesin durmasına neden oldu. Çünkü ad koymak, sahiplenmek demekti. Ve sahiplenmek, bir kişiye ait kılma riski taşırdı. Uzun süre kimse cevap vermedi.

Sonra biri şu cümleyi yazdı:

"Bu, bir kişinin değil; bir çocuğun adı olmalı."

İşte o an, her şey yerli yerine oturdu. Çünkü çocuk adı, masumiyetti. Çocuk adı, korunması gerekeni işaret ediyordu. Çocuk adı, kimseyi dışlamıyordu.

"Yusuf Kerim," yazıldı ekrana. Yanına "Yasası" eklendi.

Bu ekleme, bir onur değil; bir sorumluluktu. Çünkü artık isim vardı. Ve isim olan şeyler, unutulmazdı.

Yasa fikri böyle doğdu.

Bir kişinin haykırışıyla değil, bir topluluğun mecbur kalışıyla.

Bu mecburiyet, duygusal değildi. Ahlakîydi. Ve ahlak, bazen hukuku zorlamak zorundaydı.

İmza meselesi, başta kimsenin aklında yoktu. Çünkü imza, bir eşiği temsil ederdi. Yazmak kolaydı. Paylaşmak hızlıydı. Ama imza atmak, taraf olmaktı. Ve taraf olmak, geri dönüşsüzlük demekti. Yine de süreç, kendi yolunu buldu.

Bir gönüllü, gece yarısı bir taslak hazırladı. Altına sadece şunu yazdı:

"Bu uygulamanın değiştirilmesini talep ediyorum."

Ne slogan vardı ne duygu sömürüsü. Sade, net, tartışmasız bir cümleydi bu. Sabah olduğunda taslak onlarca kez paylaşılmıştı. İnsanlar altına isimlerini yazıyor, şehirlerini ekliyor, yaşadıklarını kısa notlarla anlatıyordu.

İmzalar artarken dikkat çekici bir şey oldu: Kimse Yusuf Kerim'in ailesini sormuyordu. Kimse "siz kimsiniz" demiyordu. Çünkü mesele artık bir ailenin meselesi değildi. İmza atanlar kendilerini anlatıyordu. Kendi korkularını, kendi çocuklarını, kendi ihtimallerini.

Bir sağlık çalışanı imza attı.

"Mesleğim gereği şahit oldum," diye not düştü.

Bir hukukçu imzaladı.

"Mevzuatta boşluk var," dedi.

Bir öğretmen yazdı.

"Öğrencim aynı şeyi yaşadı."

Bu çeşitlilik, imzayı güçlü kıldı. Çünkü bu bir tek ses değildi. Çatallıydı. Ama aynı noktada buluşuyordu: Bir daha yaşanmasın.

Gönüllü ağı büyüdükçe işler de ciddileşti. Artık sadece paylaşım yapılmıyordu. Metinler gözden geçiriliyor, talepler sadeleştiriliyor, hukuki dil temizleniyordu. Kimse "ben biliyorum" demiyordu. Bilgi, ortaklaşa üretiliyordu. Yanlışlar düzeltiliyor, duygusal aşırılıklar törpüleniyordu. Çünkü herkes biliyordu: Bu iş ciddiydi.

Süleyman bu sürecin kenarındaydı. Ama tamamen dışında değildi. Okuyor, not alıyor, gerektiğinde hatırlatmalar yapıyordu.

Ama merkezde durmuyordu. Çünkü merkezde durmak, yükü tek kişiye bindirirdi. Oysa bu yük, paylaşılmalıydı.

Bir gönüllü şunu yazdı:

"Bu yasa, bizim başımıza gelmeden önce çıkmalıydı."

Bu cümle, sürecin ruhunu özetliyordu. Kimse kendi acısından yasa çıkarmak istemiyordu. Ama yaşanmış acılar, başkalarını korumak için bir araya gelmişti. Bu bir öfke hareketi değildi. Bir önleme hareketiydi.

İmzalar binleri geçtiğinde, kimse sevinmedi. Çünkü bu bir başarı sayılmazdı. Her imza, yaşanmış ya da yaşanabilecek bir kopuşun işaretiydi. Sayı büyüdükçe ağırlık da büyüyordu.

Artık herkes şunu biliyordu:

Bu noktadan sonra geri adım atılamazdı.

Çünkü imza, yalnızca bir talep değil, ortak bir mecburiyetti.

İmzalar çoğaldıkça talep de biçim değiştirdi. Başlangıçta bu bir çağrıydı. Sonra bir istek oldu. Ardından açık bir talebe dönüştü. Şimdi ise resmî bir muhatap arıyordu. Çünkü toplum, bir noktadan sonra sadece ses çıkarmakla yetinmezdi. Karşılık isterdi.

Gönüllülerden biri, imzaları dosyaladı. Tarih sırasına koydu. Şehirleri işaretledi. Meslekleri ayırdı. Bu teknik çalışma, sürecin kırılma noktasıydı. Çünkü artık ortada dağınık bir tepki değil, düzenli bir talep vardı. Düzen, muhatap yaratırdı.

"Bunu nereye göndereceğiz?" sorusu ortaya atıldığında, kimse hemen cevap vermedi. Çünkü yanlış adres, talebi zayıflatırdı. Doğru adres ise sorumluluk demekti. Sorumluluk almak, özellikle bu ölçekte bir taleple, kolay değildi.

Kamuoyunun dili de değişmişti. Artık "gördünüz mü" sorusu yerini "ne yapılacak" sorusuna bırakmıştı. Yorumlar daha az duygusal, daha talepkârdı. İnsanlar artık yalnızca üzülmüyordu. Takip ediyordu. Takip etmek, baskının en etkili hâlidir.

Bir gönüllü şunu yazdı:

"Bu talep, bir dilekçe gibi sunulamaz. Bu bir düzenleme çağrısı."

Bu cümle, sürecin çerçevesini netleştirdi. Çünkü dilekçeler bireyseldi. Oysa burada bireysel bir durum yoktu. Burada sistematik bir sorun vardı. Sistematik sorunlar, sistematik çözümler isterdi.

Hukukçular devreye girdi. Metnin dili yeniden gözden geçirildi. "Talep ederiz" yerine "gerekir" yazıldı. "Rica" ifadeleri çıkarıldı. Yerine "zorunluluk" geldi. Bu dil değişimi, taleple birlikte toplumun kendine bakışını da değiştirdi. Artık kimse lütuf istemiyordu. Hak hatırlatıyordu.

Süleyman bu aşamada ilk kez açıkça konuştu. Bir toplantıda değil. Bir açıklamada değil. Küçük bir mesajda.

"Bu yasa, benim oğlum için değil," diye yazdı.

"Benim oğlum zaten bedelini ödedi."

Bu cümle, birçok kişiyi durdurdu. Çünkü bu söz, intikam içermiyordu. Talepkârlık da taşımıyordu. Daha sert bir şey vardı içinde: gerçek. Bedel ödenmişti. Ve bedel ödendikten sonra susmak, yeni bedellere kapı açardı.

Kamuoyu baskısı bu noktada görünür hâle geldi. Sorular artık tek tek insanlara değil, kurumlara yöneliyordu. Sessizlik, açıklamadan daha çok konuşuyordu. Bu sessizlik, kurumların omuzlarına bir yük bindirdi. Çünkü artık görmezden gelme imkânı kalmamıştı.

Yasa fikri, bu aşamada kesinleşti. Artık bu bir öneri değildi. Bir beklenti de değildi. Bir gereklilikti.

Ve gereklilikler, er ya da geç karşılık bulmak zorundaydı.

Resmî temaslar başladığında, hava değişti. Mesajların tonu daha dikkatli oldu. Cümleler yuvarlandı. "İnceliyoruz", "değerlendiriyoruz", "çalışma yapıyoruz" gibi kelimeler dolaşıma girdi. Bu kelimeler, kapıyı açmıyordu ama kilidi gevşetiyordu. Ve bu bile, bir süre önce hayal edilemezdi.

İlk görüşmelerde mesafe vardı. Karşı tarafta dinleyenler vardı ama konuşanlar temkinliydi. Çünkü bu talep, alışıldık değildi. Bir bütçe meselesi değildi. Bir kadro meselesi de değildi. Bu talep, bir uygulamanın insanî sonuçlarını masaya koyuyordu. Ve bu, sistemler için en zor yüzleşmeydi.

Gönüllüler, bu temaslarda tek bir şeye dikkat etti: tonu korumak. Ne tehditkâr, ne yalvaran. Çünkü bu yasa, bir lütuf olarak istenmiyordu. Bir zorunluluk olarak anlatılıyordu. Her cümlede şu hatırlatılıyordu: "Bu yaşandı. Kaydı var. Tanığı var."

Bu hatırlatma, karşı tarafın da dilini değiştirdi. Sorular daha somutlaştı.

"Kaç vaka var?"

"Uygulama farklılıkları neler?"

"Alternatif modeller mevcut mu?"

Bu sorular, ilk kez çözüm ihtimalinin masaya geldiğini gösteriyordu. Çünkü soru sormak, inkâr etmemek demekti. İnkâr bitince, çözüm konuşulabilirdi.

Süleyman bu görüşmelerde yine merkezde değildi. Ama varlığı hissediliyordu. Bir sembol olarak değil; bir referans noktası olarak. "Bu olaydan sonra" diye başlayan cümleler kuruluyordu. Bu bile, hikâyenin kişisel olmaktan çıktığının işaretiydi.

Bazı temaslar hayal kırıklığıyla bitti. "Şu an mümkün değil" dendi. "Mevzuat karmaşık" dendi. Ama bu "hayır"lar, önceki hayırlara benzemiyordu. Kapıyı çarpıp kapatmıyordu. Aralık bırakıyordu. Aralık kapılar, mücadele edenler için bir davetti.

Kamuoyu bu aşamada geri çekilmedi. Tam tersine, daha bilinçli bir takip başladı. "Ne oldu?" sorusu yerini "ne aşamadayız?"

sorusuna bıraktı. Bu dil, baskıyı olgunlaştırdı. Kurumlar artık anlık tepkilerle değil, süreçle karşı karşıyaydı.

Bir bürokrat şu cümleyi kurdu:

"Bu mesele, münferit bir olay gibi ele alınamaz."

Bu cümle, sürecin bel kemiğiydi. Çünkü yasa, tam da bu noktada doğardı. Münferit olmayan şeyler için. Sistematik olanlar için. Tekrar edenler için.

Artık herkes biliyordu: Bu talep, sessizce rafa kaldırılmayacaktı.

Çünkü arkasında bir kişi değil, bir topluluk vardı.

Ve topluluklar, beklemeyi bilir. Ama vazgeçmeyi sevmez.

Bir süre sonra herkes aynı adı kullanmaya başladı. Resmî metinlerde değil önce. Haberde, paylaşımda, konuşmada. Kimse özellikle dayatmadı. Ama isim kendiliğinden yerleşti. Çünkü insanlar, karmaşık talepleri akılda tutmak için bir isim arardı. Bu isim, bir çocuğun adıydı. Ve bu, meseleyi sadeleştiriyordu.

"Yusuf Kerim Yasası."

Bu ad, bir zaferin adı değildi. Kimse bunu böyle anmadı. Çünkü ortada kazanılmış bir şey yoktu henüz. Ama bu ad, bir sözü temsil ediyordu. Bir daha yaşanmasın sözü. Ve sözler, bazen maddelerden daha bağlayıcı olurdu.

Kamuoyunda bu ad yerleştikçe dil de netleşti. Artık insanlar "refakat düzenlemesi" demiyordu. "Yusuf Kerim Yasası çıkmalı" diyordu. Bu değişim, çok şey ifade ediyordu. Çünkü mesele artık soyut bir prosedür değil, somut bir insan hikâyesiydi. Ve insan hikâyeleri, görmezden gelinemezdi.

Gönüllüler, bu adı kullanırken dikkatliydi. Kimse bunu bir markaya dönüştürmek istemedi. Çünkü bu ad, sahiplenmek için değil; hatırlatmak içindi. Her kullanımda şu sessiz cümle vardı: *Bu yaşandı. Ve tekrar etmemeli.*

Süleyman bu adı ilk kez yüksek sesle söylediğinde duraksadı. Çünkü bir çocuğun adının böyle bir yerde anılması, ağır bir şeydi. Ama sonra şunu fark etti: Bu ad, Yusuf'un yükünü artırmıyordu. Tam tersine, onu koruyordu. Çünkü artık Yusuf'un yaşadığı şey, tekil bir acı değil; ortak bir sorumluluktu.

Yasa henüz çıkmamıştı. Maddeler hâlâ tartışılıyordu. Cümleler yeniden yazılıyor, kelimeler tartılıyordu. Ama bir şey değişmişti: Artık kimse "gerek var mı" diye sormuyordu. Soru değişmişti: *Nasıl yapacağız?*

Bu soru, mücadelenin en kritik aşamasıydı. Çünkü "nasıl", niyetin kabul edildiğini gösterirdi. Bu kabul, hemen sonuç doğurmazdı. Ama geri dönülmez bir eşiği temsil ederdi.

Gülten bir gün şöyle dedi:

"Biz bunu seçmedik. Ama buradayız."

Bu cümle, hikâyenin özeti gibiydi. Çünkü bu yol, istenerek çıkılmış bir yol değildi. Ama çıkılmıştı. Ve çıkılan yollar, insanı değiştirirdi. Bu yol da bir aileyi, bir topluluğu, bir toplumu değiştirmişti.

Yusuf büyüyecekti. Belki bu günleri hatırlamayacaktı. Belki sadece kırık parçalar kalacaktı zihninde. Ama bir şey kesinleşmişti: Onun yaşadığı şey, boşlukta kalmayacaktı. Bir karşılığı olacaktı. Bir adı. Bir talebi. Bir yönü.

Yusuf Kerim Yasası, bir kişinin iradesiyle değil, bir toplumun mecbur kalışıyla doğdu.

Bu mecburiyet, acıdan değil, sorumluluktan beslendi.

Ve sorumluluk, bazen yasayı doğurur.

Hikâye burada bitmiyor. Ama anlatı burada duruyor.

Çünkü bundan sonrası, bir hikâye değil; bir uygulama meselesi.

Ve uygulamalar değiştiğinde, bir daha aynı kapılar aynı şekilde kapanmayacak.

YAZAR NOTU – NEDEN YAZILDI?

BU KITAP, YAZMAK ISTEDIĞIM bir kitap değildi. Ama yazmam gereken bir kitap hâline geldi.

Başlangıçta niyetim bir metin üretmek değildi. Bir olayın ardından yaşananları not almak istedim. Tarihleri, cümleleri, karşılaşmaları... Unutmamak için. Kendimi kaybetmemek için. Çünkü bazı anlar vardır; insan onları yaşarken değil, geriye dönüp baktığında anlar. Bu kitap, o geri bakışın ürünüdür.

Yaşananlar, tek başına bir ailenin başına gelmiş talihsiz bir olay olarak kalabilirdi. Kalması da beklendi. Sessizce geçmesi, unutulması, "istisna" olarak anılması mümkündü. Ama bazı olaylar, unutulmaya dirençlidir. Çünkü sadece acı üretmezler; soru üretirler. Bu kitap, o sorular yüzünden yazıldı.

Ben bu kitabı bir haksızlığı ifşa etmek için yazmadım. Birilerini suçlamak için de yazmadım. Bir mağduriyet anlatısı kurmak için hiç yazmadım.

Bu kitap, bir şeyin neden mümkün olduğunu anlamak için yazıldı.

Bir kuralın, bir çocuğu annesinden ayırabildiği bir yerde, mesele sadece kural değildir. Bir sistemin "işliyor" olmasının, insanı görmemek pahasına mümkün olduğu bir noktada, mesele yalnızca prosedür değildir. Bu kitap, tam da bu gri alanla ilgilidir. Ne tamamen yanlış ne de tamamen doğru olan; ama sonuçları itibarıyla insanı inciten bir alanla.

Yazarken kendime şu soruyu sordum: "Bu yaşanan, bir daha olabilir mi?"

Cevap açıktı. Evet, olabilir.

İşte bu yüzden bu kitap yazıldı. Bir daha olmaması için. Ama bunu bir temenniyle değil, bir kayıtla yapmak gerekiyordu. Çünkü kayıt altına alınmayan her şey, tekrar eder. Bu metin, bir kayıttır. Bir iddia değil; bir tanıklık.

Bu kitapta anlatılanlar bana ait değildir. Ben sadece tanık oldum. Asıl tanıklar; koridorlarda bekleyenler, ekran başında izleyenler, aynı şeyleri daha önce yaşamış ama konuşmamış olanlardır. "Yusuf Kerim Yasası" denen şey de bu yüzden bir kişinin fikri değildir. Bu ad, bir iradeyi değil; bir mecburiyeti temsil eder.

Bu kitabı okuyan herkesin aynı duyguları yaşamasını beklemiyorum. Ama şunu umuyorum: Okur, sayfalar bittiğinde şunu düşünsün:

"Bu, başka türlü olabilir miydi?"

Eğer bu soru soruluyorsa, bu kitap amacına ulaşmıştır. Çünkü değişim, cevaplardan değil; doğru sorulardan doğar.

Ben bu kitabı yazdım çünkü susmak mümkün değildi. Ve bazı anlar vardır ki, susmak tarafsızlık değil, kabulleniştir.

Bu kitap, kabullenmemek için yazıldı.

İbrahim Ataman

Don't miss out!

Visit the website below and you can sign up to receive emails whenever İbrahim Ataman publishes a new book. There's no charge and no obligation.

https://books2read.com/r/B-A-FHJMF-IRKQJ

BOOKS 2 READ

Connecting independent readers to independent writers.

Did you love *Yusuf Kerim Yasası*? Then you should read *Bir Kasabanın Vicdanı*[1] by İbrahim Ataman!

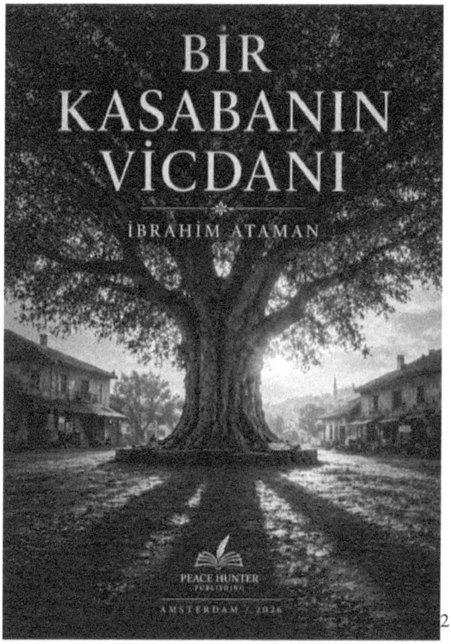

[2]

Bir kasaba...Bir yangın...Ve insanları sınayan görünmeyen bir soru:

Kardeşlik gerçekten ne demektir?

Gülveren kasabasında hayat her zamanki gibi akarken bir gece çıkan yangın, insanların birbirine olan bağını görünür hale getirir. Bir ev yanar; fakat o evle birlikte kasabanın vicdanı da sınanır. Yardımlaşma, merhamet ve dayanışma kısa sürede kasabanın gündelik hayatına yön veren değerler haline gelir.

Ancak sınav burada bitmez.

---

1. https://books2read.com/u/mgMyK6

2. https://books2read.com/u/mgMyK6

Kasabaya gelen bir yabancı, daha büyük bir pazar ve daha fazla kazanç vaadiyle kasabanın düzenini değiştirmek ister. Bu teklif, insanların kalbinde yeni bir soruyu uyandırır:

Kazanç mı daha değerlidir, yoksa kardeşlik mi?

Kardeşliğin Eşiği, Kur'ân'ın müminler arası sosyal ahlakına dair ilkelerden ilham alan tematik bir romandır. Selamlaşma, güven, yardımlaşma, gıybetten sakınma ve adalet gibi değerler; küçük bir kasabanın gündelik hayatı içinde sınanır, tartışılır ve yeniden kurulur.

Bu roman, yalnız bir hikâye anlatmaz.

Aynı zamanda şu soruyu da sorar:

Bir toplumu ayakta tutan şey gerçekten nedir?

Belki de cevap, büyük sözlerde değil, insanların birbirine verdiği küçük selamlarda saklıdır.

About the Author

Yazmaya geç karar vermedim.

Yazmak, uzun süre ertelediğim bir şey de değildi.

Aslında yazmak, hayatım boyunca sürekli yaptığım ama adına "yazarlık" demediğim bir eylemdi.

Altmış yaşıma gelene kadar kelimelerle çok temas ettim.

Hüküm verdim, metinler kurdum, cümlelerin sonuç doğurduğu yerlerde yaşadım.

Sözün ağırlığını, yazının geri dönüşsüzlüğünü, bir cümlenin bir hayatı nasıl etkileyebileceğini yakından gördüm.

Bu yüzden uzun süre yazmak bana bir ifade alanı değil, bir sorumluluk alanı gibi göründü.

Belki de bu yüzden susmayı tercih ettim.

Hayatın belli dönemlerinde yazmak, konuşmaktan daha kolaydır.

Benim için tersiydi.

Konuşarak, karar alarak, uygulayarak yaşadım.

Ama zaman geçtikçe şunu fark ettim:

İnsan bazı şeyleri ancak artık karar vermek zorunda olmadığında yazabiliyor.

Altmış yaş, benim için bir başlangıç cesareti değil;

bir yükün yerini değiştirme noktası oldu.

PhP

Peace Hunter Publishing

About the Publisher

Welcome to Peace Hunter Publishing, a company dedicated to promoting peace, understanding, and social justice through the power of words.Peace Hunter Publishing was founded in 2019 by a group of passionate writers and readers who shared a vision of using literature to promote peace and social change. At Peace Hunter Publishing, we believe that books have the power to transform lives and change the world. We are committed to publishing and promoting books that promote diversity, equity, and inclusion, and that highlight the experiences of underrepresented communities.

www.ingramcontent.com/pod-product-compliance
Lightning Source LLC
LaVergne TN
LVHW100138061126
851857LV00010B/147
* 9 7 9 8 2 3 3 7 9 7 6 6 8 *